Chega de Mesmice!

Novos desafios para sua vida profissional

Keith Churchouse e Esther Dadswell

© junho de 2016

Tradução de Rosana Reicher Chazan
(rosanachazan@reicher.com.br)

Revisão de Valeria Haasper
(valhaasper@yahoo.com)

ASSINE AQUI,
AQUI E AQUI!...

JORNADA DE UM CONSULTOR FINANCEIRO

Keith Churchouse

MANUAL DO EMPRESÁRIO:

TEMPO DE CRESCER

Keith Churchouse

A VIDA APÓS O DIVÓRCIO.

COMEÇAR DE NOVO.

Keith Churchouse

EMBARQUE

IMEDIATO PARA O AMOR

Keith Churchouse

#MAKEITHAPPEN

As Quintas Crônicas de Churchouse©

Primeira Edição

Chega de Mesmice! Novos desafios para sua vida profissional

Título Original: *Scared of Something Different.*

Journey of Business Disruption and Innovation

Keith Churchouse - Junho de 2016

1.ª edição

ISBN 978-0992828134

Keith Churchouse declara-se no direito moral de ser identificado como autor deste trabalho, em conformidade com a Lei de Direitos Autorais, Patentes e Design do Reino Unido, de 1988.

Informações e contatos adicionais podem ser encontrados em:

www.churchouseconsultants.com

Nenhum aconselhamento financeiro de qualquer natureza foi oferecido ou considerado como tendo sido fornecido ao longo do texto deste livro.

Nenhuma assessoria jurídica de qualquer natureza foi oferecida ou considerada como tendo sido fornecida ao longo do texto deste livro.

Alguns dos nomes, títulos, sequências, áreas e datas foram alterados para garantir que este trabalho retrate uma experiência pessoal e não aquela de pessoas físicas ou jurídicas. Qualquer semelhança com pessoas e grupos é mera coincidência. Este livro é também uma expressão da opinião pessoal dos autores.

A título de referência, SaidSo.co.uk é o nome comercial de Chapters Financial Limited, que é autorizada e regulamentada pela Autoridade de Conduta Financeira do Reino Unido, sob o número 402899.

Agradecimentos

À Vicky Fulcher

Os nossos maiores agradecimentos a Vicky Fulcher, que assumiu com energia o nosso universo profissional em suas diversas nuances. Você deu continuidade à nossa causa e por isso estamos humildemente gratos.

À Karin Walker

Esther e eu trabalhamos com Karin Walker há mais de uma década, o que tornou o nosso mundo um lugar melhor. A sua linguagem firme e abordagem direta são sempre refrescantes numa realidade que precisa de foco para garantir eficiência. A sua capacidade de inovação empresarial é um testemunho de suas ideias avançadas, e estou muito contente por havermos compartilhado um pouco desta aprendizagem ao longo do caminho.

www.kgwfamilylaw.co.uk

À equipe da The Chapters Financial

É à equipe a qual cabem os louros de nosso sucesso. Cada integrante é uma fonte geradora de aprendizagem e sabedoria. Quando compartilham uma causa, são poderosos e permitem que pensamentos e ideias cresçam e que novos patamares sejam muito mais fáceis de alcançar em equipe do que separadamente. Meus sinceros agradecimentos aos seus integrantes.

www.chaptersfinancial.com

À nossa equipe de tradução

Para Suzana Chazan, nosso amor e respeito por fazer parte da nossa equipe de redação, o que nos permitiu diversificar o texto para mercados novos e maiores, como é o caso do Brasil, este país maravilhoso. Nossos sinceros agradecimentos à Valeria e à Suzana por compartilharem conosco esta viagem de descoberta literária.

Aos amigos e colegas

Agradecemos aos nossos contatos, colegas e amigos por compartilharem conosco sua sabedoria, conhecimento e compreensão.

À Graham Booth e Fiona Cowan

Desde o início estiveram conosco, aprimorando o texto e os gráficos de nossos livros. Vocês são pacientes perante as muitas alterações apresentadas, além de tolerar e partilhar a nossa atenção meticulosa aos detalhes. Obrigado por tudo o que têm feito por nós, tanto como editores quanto como empresários.

www.creationbooth.com

wordsbird.wordpress.com

À equipe incrível de Kyan

O nosso processo de inovação em relação ao aprimoramento da nossa empresa, a SaidSo.co.uk, não teria existido não fosse a dinâmica equipe de desenvolvimento de sites de Kyan. Obrigado pela paciência e profissionalismo.

www.kyan.com

Aos responsáveis pelas autorizações de reprodução

*Obrigado às organizações — devidamente
especificadas no capítulo Fontes e Referências no final
deste livro — que nos autorizaram a reprodução de
seus documentos e diagramas.*

Fontes e Referências

*Como acontece em qualquer inovação positiva, muitas
das referências utilizadas não tiveram livros como
fontes, mas sim a Internet. Estas estão especificadas no
capítulo Fontes e Referências.*

*Não nos responsabilizamos pelo conteúdo dos textos da
Internet. No entanto, estes podem fornecer uma visão
extra para os novos desafios disruptivos e de inovação
de sua viagem profissional.*

Em memória a Isaac Chazan

*Que contribuiu para este projeto com seu enorme
conhecimento e entusiasmo, o nosso eterno amor e
gratidão.*

Índice

Chega de Mesmice!

Prefácio de Esther Dadswell

Engenheira Civil e Administradora Credenciada (CMgr), membro da Ordem dos Engenheiros do Reino Unido (MICE) e do Instituto de Administradores (MCMI).

E agora?

Como você se sente a respeito das conquistas obtidas através de sua empresa ou PME? Já teve tempo para parar e refletir sobre isso? Ela lhe causa orgulho, engajamento, cansaço, frustração ou entusiasmo? Agora que o seu negócio já está em atividade, constituído, é viável e mesmo lucrativo, o que planeja para o futuro? Espero que tenha alguns planos novos em mente.

Ao concentrar-se em uma mudança inovadora real — como foi o nosso caso —, este livro muitas vezes refere-se à nossa experiência em serviços financeiros de varejo no Reino Unido. No entanto, acreditamos que a nossa jornada seja relevante para todos os modelos de negócios, em qualquer categoria de indústria e serviço.

A opção mais cômoda seria a de continuar com sua atividade da mesma forma que tem feito até agora. Infelizmente, nos tempos dinâmicos atuais, uma empresa — de qualquer natureza — não pode se permitir a esse luxo caso pretenda continuar rentável na próxima década. Não quero dizer com isso que deva contratar alguém para atualizar o seu site cansado ou dar-lhe permissão para vagar pelo Twitter por você. Estou sugerindo uma revolução real de todo o seu negócio, ou parte dele, uma reviravolta que vá sacudir todos os seus setores para ver a possibilidade de trabalhar de uma forma diferente, mais rentável, mais rápida, mais barata. Qual será o ponto de venda novo mais interessante para o seu produto?

O apoio a novos negócios e startups sempre foi significativo no Reino Unido, tanto para as empresas digitais e centros de tecnologia quanto para todos aqueles negócios do momento, que, como uma febre passageira, vêm e vão; aquele espírito empresarial de "discriminado" ou "desfavorecido" impulsiona os negócios que estão no seu início com a ideia de "nós podemos tudo", dando-lhes confiança. No Brasil, também há incentivos a esse tipo de empresas, através do Ministério do Desenvolvimento, Indústria e Comércio Exterior (MDIC). Mas o que acontece com a maioria das PME, empresas que têm uma carga pesada de trabalho semana após semana, que representam a espinha dorsal empresarial, tanto no Reino Unido como no Brasil, mas que são largamente ignoradas pelos meios de comunicação comerciais enquanto avançam no ciclo de crescimento? Talvez, depois de terem amargado aborrecimentos por mais de uma década, elas acreditem que saibam o que estão fazendo... ou simplesmente nunca tenham parado para olhar em volta e ver o lugar que ocupam ou aonde se dirigem. Temos de admitir que o plano de negócios original pode muito bem haver se esgotado há cinco anos ou mais, e a ousadia do proprietário pode ter diminuído há muito tempo. Se pudesse começar tudo de novo, seu ponto de partida seria este em que se encontra agora?

A inovação é mais difícil para aqueles que estão estabelecidos há muitos anos, enraizados em seu modelo-padrão de negócio; além disso, eles provavelmente não são o foco de iniciativas do governo para ajudarem as empresas a "deslanchar". Você já deslanchou; só precisa alcançar a estratosfera. É por isso que é preciso repensar tudo, ter novos desafios e afastar-se mais das práticas vigentes. Que atitude você pretende tomar em relação a isso, e o que será que seus concorrentes farão para lutar pela quota que lhe custou tanto conquistar neste mercado novo, inovador e disruptivo? Você decide, como sempre. No entanto, não é tão difícil quanto parece à primeira vista se você fizer um bom planejamento e se empenhar.

A adoção rápida de tecnologias que ajudem o seu negócio e a maneira de aplicá-las na sua empresa serão a chave para o seu sucesso futuro. A Internet e as potenciais vantagens que esta lhe trará ainda estão em sua infância, e a Quarta Revolução Industrial está apenas no começo. É hora de acordar e aproveitar! O sucesso não acontecerá da noite para o dia; a curto prazo poderão haver algumas despesas imediatas de desenvolvimento, mas os benefícios ficarão evidentes em suas contas num prazo de dois, três, quatro anos ou até mais. Interfira no que puder. Exerça influência e não perca tempo com assuntos que você não pode mudar — será um desperdício de energia se o fizer. Por outro lado, aceite que as possibilidades atuais são ilimitadas.

Agora é sua vez. Este momento de oportunidade poderá romper o patamar do atual fluxo de receitas de sua empresa e desafiar o seu modus operandi.

Eu sei do que estou falando. Estive lá, atuei e vesti a camiseta. Tenho experiência pessoal do trabalho árduo necessário para fazer isso acontecer numa PME ambiciosa. Como consolo, posso afirmar que você não está sozinho nessa busca e que, mais importante, ninguém encontrou "a resposta"... ainda! Mas você tem de realizar a jornada para a descobrir, e deve estar pronto para a mudança, tenha ela simplesmente aparecido ou sido indicada pelo usuário final, pois é ele quem vai lhe dar a resposta vencedora — que talvez não seja aquela que você esperava.

Reflexão

Ao refletir sobre a experiência de coescrever este livro, usei muitas palavras inspiradoras. Isso, por si só, já é um reflexo de como este assunto é inspirador. É a nossa visão pessoal e individual de criação, inovação e disrupção que molda o resultado final da nossa busca para tornar as coisas melhores. Cada um de nós tem uma paixão por certos temas e uma forma de abordá-los. Compartilhar essa sabedoria permite que diferentes modelos ocorram, o que pode se revelar ainda mais inspirador do que o plano original. Frequentemente, o resultado final ultrapassa o plano inicial. Às vezes é divertido refletir sobre o momento exato em que o primeiro se liberta do segundo, trilhando sua evolução, a qual o levará para uma posição onde não há limite para o que possa ser alcançado. E essa é uma ótima situação para se estar.

Há uma seção neste livro que confirma uma posição vital de inovação e disrupção. Seu título é: "Porque você é capaz!"; esta afirmação deve estar sempre presente em sua mente, em seus valores, em sua ética e perspectivas. A energia para dar vida ao seu novo pensamento é fundamental para conseguir persuadir terceiros durante a fase de criação e depois ainda fornecer o produto final e comercializar o seu "jovem" negócio. Costumo referir-me a isso como "as cores da inovação e ruptura empresariais". São frescas, puras, claras, dinâmicas, excitantes e muito mais. Nunca as perca de vista — e se desconfia de que isso possa acontecer, imprima-as e coloque-as ao lado do lugar onde você trabalha melhor.

A Quarta Revolução Industrial

Você não está sozinho em sua busca, como foi reconfirmado em Davos em janeiro de 2016 no Fórum Econômico Mundial, que declarou: *"Estamos à beira de uma revolução tecnológica que vai alterar fundamentalmente a maneira que vivemos, trabalhamos e nos relacionamos. A transformação quanto à escala, ao escopo e à complexidade será diferente de tudo o que a humanidade jamais experimentou."*

Essa grande transformação é a chamada Quarta Revolução Industrial.

A terceira revolução industrial, que se deu por volta de 1969, utilizou a tecnologia da informação e da automatização da produção. A Quarta vai ainda mais longe, sendo citada como a revolução digital e a fusão de tecnologias, confundindo as linhas de esferas digitais, físicas e outras. Impressionante!

Saiba que o *timing* não poderia ser melhor para observar o que acontece na sua região do planeta, onde quer que você se encontre. É de fato inspirador conseguir que a sua criação tenha um alcance global. Isso tudo traz desafios, mas também gera uma oportunidade nova que é somada àquela que você já tinha visualizado.

E agora? Mais do mesmo? Se isso faz parte dos seus planos, tudo bem... mas aqui está a chave: será que você *planejou* isso mesmo? Pelo menos pare para pensar a respeito antes que a próxima década desapareça um pouco desnorteada, sendo então tarde demais. Você já fez o trabalho duro, está bem estabelecido e tem anos de ouro à sua frente... se acertar.

Tenha certeza de que o mundo que o rodeia será inovador e disruptivo, de qualquer maneira. É apenas uma questão de quanto você deseja participar dele e avançar...

Prólogo

Você sempre soube que era bom! Não era necessário iniciar um negócio para o provar, mas naquele momento você estava pronto para fazê-lo. Agora, se tiver tempo de refletir, é claro que tomou a decisão certa. Sim, no princípio parecia que você estava envolvido em um turbilhão egocêntrico. E por que não estaria?

Sua empresa cresceu, amadureceu e agora talvez até esteja numa situação confortável. A inovação inspiradora e a disrupção empresarial existem para serem exploradas e adotadas. Não há muitos desafios os quais você ainda não tenha enfrentado, seu saldo bancário está positivo, os lucros são razoáveis, o fluxo de caixa está muito bem (tirando aqueles "pontos de aperto", em que todos os problemas parecem acontecer simultaneamente no momento errado), o banco continua gostando de você e sua família ainda o conhece. O que o impede de sorrir?

Então, você se pergunta, qual o próximo passo? O Fórum Econômico Mundial sugeriu em janeiro de 2016 que esta é a Quarta Revolução Industrial. Uau! Que era para se envolver! Que época de oportunidades para conduzir o seu negócio; é só superar estes próximos anos mais delicados para poder depois alcançar um nível superior, ainda mais dinâmico. A disrupção, inovação e revolução como fenômenos empresariais ainda estão na sua gênese e seu negócio precisa de você para introduzi-los, agora mais do que nunca, independentemente de qual seja a sua indústria ou profissão.

Você tem a opção de não fazer nada a respeito, é claro, embora eu espere que esta atitude não lhe seja contumaz, tanto em relação ao seu negócio quanto à sua liderança. É hora de se reestruturar, para fazer algo que expanda os seus limites, de criar uma disrupção positiva que o leve adiante.

Ou você teme o que é diferente? Assim como durante aqueles anos desajeitados de adolescente, as soluções do passado não funcionam mais, tanto no plano pessoal como profissional. A frustração, até mesmo a raiva, instalam-se, sinalizando que é hora de redefinir quem você realmente é e começar a inovar enquanto segue em frente. O espaço vago no mercado que o seu negócio, recém-emergente, uma vez preencheu todos aqueles anos atrás — e que o tornou tão bem-sucedido — fechou-se e foi reinventado em outro lugar. Você se atualizou? Você seguiu o mercado ou rompeu os padrões, inovou e se tornou o líder de mercado?

Esse é o momento de se reorientar, comprometer-se e redefinir caminhos, para que sua empresa possa realmente alcançar novas metodologias, tecnologias e novos canais de distribuição, agora acessíveis e disponíveis. Assim como quando iniciou sua empresa, ninguém exceto você mesmo será capaz de impulsioná-la durante os próximos anos de transição. Você não pode cruzar os braços, porque isso significaria deixar escapar todo o seu bom trabalho. Os mesmos ritos antigos não funcionarão mais.

A tecnologia e respectivas oportunidades de distribuição têm transformado negócios na última década, mas nem sequer arranharam a superfície! Leia este livro e dê um salto gigante para o futuro. Não se decepcione, não se torne obsoleto, ou melhor, não deixe que outros sejam mais disruptivos do que você, mas seja você o disruptor. A inovação não para, nem você deveria, pois trabalhou duro demais para pôr tudo a perder.

Chega de Mesmice!

Capítulo um: Expectativa

Expectativa: *uma forte crença de que algo vai acontecer.*

A expectativa em relação ao futuro nascimento do nosso projeto criativo e, ao mesmo tempo, disruptivo foi tão emocionante. A ideia de revolucionar o nosso modelo de negócio utilizando novas tecnologias surgiu devido à minha ingenuidade combinada com algum senso de oportunidade. Desde o início, eu achei o fato inspirador e essa sensação nunca diminuiu. Não é difícil compreender que o nosso negócio principal, o de serviços financeiros no varejo no Reino Unido, não consta na lista das dez especialidades mais almejadas, mas esta não deixa de ser uma atividade necessária. Na verdade, muitas profissões que estão ausentes nesta lista podem, na minha opinião, ser iluminadas pela criatividade e inovação; só é necessário haver uma personagem cheia de expectativa, disposta a dar um salto para o desconhecido.

A emoção dessa expectativa só podia ser comparada àquela que sentimos quando fomos informados de que teríamos de trabalhar mais dois anos em um projeto que supostamente deveria ter terminado na década anterior. Mas voltando à nossa proposta inovadora, ela revelou-se infinitamente melhor e maior do que eu jamais poderia ter sonhado. Para mim, no entanto, este é um ponto significativo. Se eu e a minha equipe não estivéssemos em sintonia ao dar esses passos iniciais, talvez não tivéssemos atingido os objetivos a que nos propusemos, e muito menos as milhas extras que pecorremos desde então. Meu desenvolvimento pessoal tem sido inspirador, e agora que voltei a ter expectativas, essas são muito maiores do que costumavam ser — em parte porque aprendi o que realmente pode ser alcançado. Espero compartilhar um pouco dessa aprendizagem com você nas páginas seguintes.

Como você sabe, estamos envolvidos, a minha equipe e eu, em serviços financeiros no varejo no Reino Unido. No entanto, esta viagem de disrupção e mudança é relevante para todas as empresas e indústrias, independentemente do seu tipo ou tamanho.

Os desafios pessoais se acumulam e são exatamente isso: desafiantes. Você se torna mais robusto ao superar cada um deles, da mesma forma que a sua nova proposta e a maneira com que esta se molda à solução planejada. Os momentos "eureca" são fabulosos; as noites insones e os "pontos de aperto" nem tanto, mas todos fazem parte da expectativa de criatividade, inovação, disrupção e, claro, de sucesso.

Os detratores desempenham seu papel, adicionando um toque de escárnio à "sabedoria" deles. Por outro lado, outras pessoas vão observar com admiração o que você está fazendo e julgarão as suas realizações e o seu trabalho de acordo com as próprias expectativas. Preste bem atenção em ambas as reações; precisará delas durante os processos de incubação e de crescimento de sua nova solução inspiradora.

Chega de mesmice!

Para olhar para a frente, inovar, "disruptar", perturbar, romper com o passado, você tem de olhar para trás (esperemos que não por muito tempo), para as encruzilhadas de sua viagem profissional, e considerar se teria tomado um rumo diferente caso, na época, estivessem disponíveis os processos e a tecnologia de agora. Isso não quer dizer que errou. Você fez o que pôde naquele momento, munido com os ativos disponíveis de então.

Você continua conectado à mesma forma antiquada de pensar? É capaz de mudar algumas coisas, resolver alguns problemas, obter uma rápida vitória de vez em quando, controlar um fracasso inesperado? Ainda acredita que a mudança só é necessária quando for necessária... o que não ocorre com muita frequência?

Vamos pensar nisso agora. Muitas vezes os resultados comerciais de alguns empresários permanecem os mesmos. A maneira mais fácil de analisar e mapear esta posição é examinando os balanços anuais da empresa. É aí que você vai notar a mesma tendência de receita, lucro bruto e rendimento dos diretores/proprietários. Manter sua empresa estável, como um navio no rumo, é bom, admirável mesmo. Durante a recessão, alguns diriam que esta era a única alternativa. Por que, se existem variações significativas na contabilidade? Você pode definir uma tolerância de, digamos, 5% ao ano, para ver o que está fora dessas margens; além disso, fazer uma averiguação completa das contas do passado vale sempre a pena. Isso por si só pode mostrar os anos rentáveis, e aqueles que não o foram tanto. Você será capaz de detectar oportunidades. Esta verificação será cada vez mais importante caso haja alterações e se houver necessidade de pedir financiamento, porque qualquer credor — seja ele tradicional como um banco ou desafiador como um financiador "peer-to-peer"— certamente vai passar pelo mesmo processo antes de lhe fazer qualquer proposta.

Por exemplo, nosso lucro líquido no ano passado caiu por causa do investimento significativo que fizéramos em tecnologia financeira, o que culminou com o lançamento de uma nova proposta dinâmica online. Essa queda faz sentido e está alinhada com as expectativas do nosso planejamento.

Em anos anteriores, tivemos uma fase de avanço significativo na renda. Por quê? Porque já havíamos modificado nosso modelo de cobrança, mas seus efeitos só foram sentidos cerca de um ano depois, quando as contas dos clientes passaram a ser selecionadas, fazendo aumentar os lucros. Muito bem, mas essas mudanças que afetaram o âmago da empresa foram planejadas e gerenciadas. "Chega de mesmice!", eu o ouço gritar, e concordo.

Pode parecer contraintuitivo revirar um plano bem feito, mas vale sempre a pena olhar para ele sob um ângulo diferente, antes de decidir como a versão final será implementada.

Questionar-se sobre o que já se passou em seu negócio é vital para produzir de uma forma diferente no futuro. Novamente, isto não quer dizer que o plano anterior de negócio ou de gestão estivesse incorreto. Conheço um ditado que diz: "Se eu pudesse recomeçar, esse não seria o meu ponto de partida!" Pare para pensar nisso por um minuto ou dois. Se fosse inovar, você começaria de onde está agora ou escolheria uma base melhor para lançar seu produto no mercado? Não há nada que o impeça de começar de onde quiser. Imagine dois cenários diferentes: um seria começando de onde está, o segundo, de onde sonha estar. Quando começamos o nosso negócio principal, eu planejei criar uma empresa pequena, mas grande em sua atividade, pessoal e exclusiva. E agora que o consegui, descobri em retrospectiva (essa ciência exata!) que, de certa forma, isto não era o que eu queria. Eu preferiria ter tido uma grande empresa. Evidentemente, sou um péssimo administrador de pessoal, por isso é provavel que o que tenho agora seja o melhor para mim. Mas se pudesse voltar no tempo, com a nova tecnologia disponível, eu... bem, tenho certeza de que você entende o que eu quero dizer.

No mundo empresarial, deve sempre haver momentos "eureca", aqueles em que de repente você pensa: "Vale a pena tentar". Seria aborrecido se estes nunca acontecessem! Você é um empresário, afinal de contas; a pessoa da qual os outros dependem para surgir com ideias brilhantes, e mais importante, implementá-las. É justamente na posição de finalizador/aperfeiçoador-padrão que muitas pessoas vacilam. Se você não costuma levar os seus projetos até o fim — e às vezes essa não é a parte mais emocionante de qualquer inovação — você deve desenvolver a ideia até o ponto que conseguir e depois delegá-la a um membro de sua equipe, que vai implementá-la.

Você deve confiar na pessoa a quem delegar, tendo a certeza de que ela terá uma abordagem meticulosa para não se desviar da inovação. Quanto mais simples for a inovação e sua estratégia ou seu processo, melhor. A atenção aos detalhes na execução é tudo; assim, confira e reconfirme tudo antes de lançar uma inovação no mercado. E, se os seus esforços no passado não conseguiram fazer deslanchar um projeto, pergunte-se: "Por que não? Será que faria sucesso agora, com uma estratégia ou aplicação diferentes?"

Muitas empresas reformulam os seus quadros de liderança. Ideias antigas que nunca deram certo renascem e são um grande sucesso. Se você é aquele velho líder, olhe para trás e veja de que outro modo as coisas poderiam ter sido feitas... e atreva-se a implementar aquela ideia agora.

Se quando chegar em seu local de trabalho amanhã, ou até mesmo esta noite, você se sentir envolto em uma jaqueta confortável — familiar e acolhedora, possivelmente surrada em alguns lugares (e o que há de errado com isso, não é?) — entenda que talvez esteja no lugar errado. Na minha opinião, poucas pessoas conseguem inovar verdadeiramente em um lugar confortável e familiar. Esta é precisamente a estrutura com a qual estamos tentando romper.

Pegue o telefone e ligue para alguém cuja idade seja inferior a 20 anos. O jovem se perguntará por que cargas d'água você ligou. Será que não sabe como passar uma mensagem, um email... utilizar qualquer meio que não necessite de uma conversa em tempo real? O mundo está avançando, as técnicas estão evoluindo, a disrupção está acontecendo e você precisa acompanhar.

Tire a velha jaqueta agora, antes que se aconchegue demais nela!

Mantenha-se no rumo

Qualquer que seja a forma de você trabalhar, não permita que a emoção altere qualquer rumo de negócio acordado ou planejado. As emoções são poderosas, pessoais e nunca devem ser subestimadas. Sei disso por experiência direta: a emoção pode afetar as decisões e os planos importantes. Essas emoções refletem com precisão o seu humor predominante, o do seu negócio ou o de sua atividade profissional — ou de todos os três — da época. Seus sentimentos podem ser de esperança, medo ou ganância, ou uma combinação de outras sensações. Sejam eles quais forem, serão pessoais e estarão no âmago do seu pensamento.

As emoções têm de ser gerenciadas, para garantir que sejam controladas na ocasião da divulgação do plano estratégico. Além disso, criam uma incerteza adicional, que é o esteio da inovação e disrupção. A incerteza vai ser sua parceira, seja como for. Você não precisa que a emoção confunda os processos de seu projeto ainda mais. Lembre-se, o único elemento que você deseja que seja emotivo, alucinado e ofuscado pelos faróis da nova oferta é o consumidor final. Há um propósito no seu trabalho. Mantenha-se no rumo e reserve toda aquela emoção para quando for comemorar o sucesso alcançado pelo lançamento de seu produto.

Energia gera energia

Você conhece pessoas que chegam a ser irritantes de tanto dizer que "a vida é fabulosa" ou "sim, somos capazes" e que continuam exaltando as virtudes do positivo, mesmo quando a lama já está batendo no ventilador? Elas são bem-vindas quando você necessita de um estímulo que aumente o seu nível de energia, mas por que agem assim o tempo todo? Como o conseguem?

Há um velho ditado, no entanto, que diz que: *"Se você quiser um trabalho feito, peça-o a uma pessoa ocupada"*, e há uma verdade nisso. Identifique essas características e use-as. O truque é ser capaz de separar a energia positiva da negativa, e aplicar cada uma na proporção certa para obter resultados satisfatórios. Esta criatividade, mesmo excitação, de desenvolver uma nova empresa com base no modelo antigo criou uma energia extra em nosso negócio principal.

A energia pode ser positiva ou negativa, mesmo escura, e é preciso canalizá-la com cuidado. A *energia escura* à qual me referi é muito difícil de ser encontrada, pois se esconde nos cantos de sua mente, e pode ser a mais poderosa se você conseguir extrai-la de lá e trazê-la à luz. Ela é uma parte de você, é o núcleo central da crença de que sua inovação vai dar certo. Para transmitir esta energia ao mundo, é possível que um verdadeiro "embate cerebral" virtual aconteça — mas se este for necessário, que assim seja.

Valorize esta energia — qualquer energia cerebral — e a capacidade que lhe estiver disponível. Em particular, valorize a energia cerebral, mais poderosa do que a física, mas menos óbvia. Nós usamos o cérebro em todos os segundos em que estamos acordados, e o que focamos é vital para sermos bem-sucedidos. Não entulhe seu tempo com trivialidades quando deveria concentrar-se nos princípios fundamentais da disrupção que pretende causar... ou mesmo evitar... com um planejamento inteligente.

Mesmo se você já tiver as suas ideias consolidadas e tiver dificuldade de se automotivar para se libertar, procure aquela pessoa extremamente positiva mencionada antes. Ofereça-lhe um almoço ou uma bebida e, em seguida, alimente-se da energia dela. Ela é contagiosa, posso garantir!

Saiba que você está mudando, que vai acontecer e que tudo depende de como você se posiciona

Independentemente da estratégia utilizada para a evolução, inovação e, espero, revolução do modelo que você pretende lançar ou continuar desenvolvendo, haverá sempre alguém do contra. Ideias, novas e genuínas, muitas vezes incutem medo nos outros. Isso está previsto e costumo me referir a essas pessoas como "sugadores de energia".

Imagine que você está em uma reunião ou apresentação, oferecendo uma nova inspiração ou "valores agregados" a um projeto. As palavras que tanto o excitam começam a se agitar pela sala como borboletas brilhantes que brincam com seus colegas: alguns se sentem encantados, já outros, os detratores, as golpeiam. Estes não levam nenhuma vantagem impedindo a ideia inspiradora de fluir, exceto a de evitar seu progresso, iniciativa e, possivelmente, importância. No entanto, a visão dos críticos *adiciona* valor pois o orienta na direção do que vai ou não fazer a diferença.

Seus opositores terão sempre o maior prazer em compartilhar com você o que julgam ser a sabedoria deles, sejam solicitados ou não; raramente eles competem com a sua *ideia inspiradora*. A energia deles tem a missão de parar as coisas, em vez de deixá-las seguir em frente. Relacione-se com estas pessoas, se for preciso, mas nunca as deixe atrasar seu projeto e seus objetivos. Eventualmente são os usuários finais que decidem, que julgarão seu produto pelas compras que realizam ou pelos negócios que você vende.

Algumas pessoas podem argumentar que já existem livros demais sobre inovação e disrupção — possivelmente estas pessoas são aquelas estorvadoras de ideias que acabamos de mencionar. A inovação e a disrupção são temas tão vastos que eu não estou certo se algum dia haverá livros suficientes sobre eles, desde que representem a realidade do que está acontecendo aqui e agora. Mesmo estes tempos inspiradores e estimulantes passarão, mas deixarão livros como memórias e resultados de experimentos em inovações disruptivas que, até lá, já passarão a ser norma. O importante é: testar, romper, executar. A inovação e a criatividade não acontecerão sem isso... ou sem você.

É a nossa hora de mudar o mundo!

Leitores fieis à impressão

Deixe-me dar um exemplo de mudança. Recentemente, interrompi uma seção do meu computador para pegar um sanduíche na cozinha, mencionando a um colega que encontrei no caminho que, ultimamente, parecia que os jornais não vendiam bem no início da tarde. Eu havia notado que muitas publicações e tabloides pareciam ficar intactos nas bancas. Na minha mesa jaziam notícias de várias fontes, e, ao voltar, não pensei mais sobre o assunto. Naquela tarde, chegou-me a notícia de que o jornal *The Independent* passaria a ter o seu conteúdo disponível apenas *online*, abandonando completamente a versão impressa. Em uma carta aos leitores, o editor observou que o fim da impressão levaria em torno de um mês para acontecer a partir daquela data e que a nova opção "*não agradava muito*" aos seus "leitores fieis". A maior parte do anúncio significou para mim: "*Trocando em miúdos, simplesmente não há número suficiente de pessoas que estão dispostas a pagar por notícias impressas*".

Especula-se há algum tempo que muitos dos jornais impressos em circulação não sobreviverão no formato físico atual, evoluindo inicialmente para uma versão digital *online*, antes de finalmente progredir para um modelo de negócio digital só por assinatura. Algumas pessoas ficam surpresas de que a primeira grande baixa da indústria jornalística tenha demorado tanto tempo para acontecer. Na verdade, eu pessoalmente tenho me questionado sobre a viabilidade econômica de imprimir este livro, em vez de restringir a produção apenas às opções *e-reader*, quase como se fosse um padrão. Quanto ao anúncio do jornal, na minha opinião, também me causou a sensação de que o negócio tivesse esperado tempo demais para aceitar a mudança, apesar do crescente encolhimento da demanda e dos lucros.

A mudança é difícil, não há dúvida sobre isso. No entanto, mesmo se um consumidor final ou cliente for "fiel", o mundo está mudando e os modelos de negócio têm de evoluir com o tempo ou serão entregues aos livros de História.

Pouco após o encerramento do *The Independent*, um novo jornal impresso abriu com grande alarde, para fechar prontamente cerca de dois meses mais tarde.

"Chiliques" fazem parte da diversão

Dar um chilique, ou fazer pirraça como uma criança, nunca é bem aceito em um adulto. Pode-se sugerir que demonstra imaturidade profunda, o que é inadequado a um empresário ou gestor. No entanto — e esta é apenas a minha opinião — quando inovamos e criamos algo, provavelmente estaremos cavando até o fundo de nossa alma, a fim de romper ideias antigas para desafiá-las e, literalmente, trazê-las à tona. É cansativo, mas ao mesmo tempo emocionante! Há pessoas que podem questionar essa forma de pensar e planejar, o que poderá levar a alguma discórdia durante o processo de criação.

Nós certamente pensamos que este fosse o caso durante os meses que antecederam a criação do meu próprio negócio. Às vezes, de uma forma quase juvenil, as nossas frustrações se acumulavam e precisavam ser combatidas continuamente, ou deixadas de lado, para que chegássemos a novas ideias e soluções. Ocasionais palavrões eram proferidos. Fiquei aliviado ao ver em um artigo recente que este é um comportamento reconhecido em pessoas inteligentes. Na verdade, um artigo produzido pelos psicólogos Kristin Jay e Timothy Jay, publicado na revista científica *Language Sciences Journal* no final de 2015, sugere que o uso constante de termos vulgares pode indicar uma natureza articulada e inteligência profunda.

Longe de mim discordar da ciência!

Assim, durante o período de formação, se um ataque nervoso acontecer, vá em frente. Isso não quer dizer que vá funcionar sempre. No entanto, pode demonstrar uma situação crítica, mesmo um impacto, e se a equipe tiver como objetivo comum o sucesso, esses "momentos de tensão" são esperados. Além disso, podem representar o início da próxima grande fase de sua inovação.

Nunca tão complexo como um ser humano

A nova tecnologia traz, invariavelmente, eficiência ou automação. Os computadores e as máquinas são complexos, mas não tanto quanto os seres humanos. Para alguns, isso por si só já é um desafio.

A inovação deve impulsionar, em vez de reduzir, o nosso progresso. É estarrecedor descobrir que o seu trabalho foi ficando ultrapassado, ofuscado e, finalmente, esmagado pela metodologia e pensamento recentes, para descobrir mais tarde que as novas formas, embora sejam sem dúvida inovadoras, não funcionam tão bem como as antigas. Mas quando chegar essa momento, como se sabe, será tarde demais para você. Alguém inova, possivelmente através da utilização de modelagem ou automação, só para chegar à realidade subjacente de que os seres humanos são os melhores computadores do mundo, e de que não podem ser substituídos integralmente. A China, eu entendo, está chegando à conclusão de que, com a automoção, milhões de pessoas estão se tornando redundantes, mas também lá haverá evolução.

A revista de negócios *Global Business Review* produziu um artigo, em abril de 2015, intitulado: *Robotics Making Workers Redundant in China* (em tradução livre: *Robótica leva ao despedimento de trabalhadores na China*), em que expõe exemplos reais de automação em grandes fábricas, para melhorar a qualidade, mas ao mesmo tempo tornando obsoletos muitos empregos.

Isso o faz estremecer?

Enquanto eu estava preparando as notas para o projeto de nosso futuro *site*, a linguagem liberal que eu planejava usar em alguns manuais de utilizador fez um dos meus colegas estremecer. Continuei assim mesmo, pois sabia que estava no caminho certo. Para ser sincero, a equipe do nosso escritório é um tanto... educada e *sofisticada*. Às vezes até eu me pergunto como consegui me integrar com um pessoal tão intelectual. Não há nada de errado com isso, desde que se saiba que provavelmente a linguagem deles, em termos de comunicação, não alcançará uma "pessoa comum que usa o transporte público". Se o indivíduo médio não fizer parte do seu mercado-alvo, então este não é um problema, mas se o seu alvo for bem mais abrangente, aí é diferente. Uma visão diversa da sua, muitas vezes, é a prova de fogo ao alertá-lo de que a sua atitude pode afastar os seus potenciais clientes.

A reação horrorizada do meu colega em relação ao meu ponto de vista sobre um determinado assunto foi, em princípio, a garantia de que eu estava no caminho certo. Por acaso, você conhece alguém que toda a vez que lhe sugere algo — não importa o que seja — o faz apontar instintivamente na direção oposta? Reconhecer a sua própria posição pode ser uma ferramenta poderosa ao considerar os dados demográficos do grupo que você está tentando alcançar, daquele com o qual você já trabalha e, como no caso acima, da brecha entre os dois.

É também necessário considerar até onde sua inovação pode ir. Ela está sendo projetada para um mercado-alvo local ou para um nicho mais amplo, como o de uma cidade, possivelmente? E quem está limitando esta meta: você, o produto ou o consumidor final? Esta pode ser usada ao nível nacional ou também internacional? Se este for o caso, melhor; mas e se essa oportunidade criar uma diversificação no segmento demográfico ao qual você precisa agradar? Como diria Shakespeare, *"O mundo é a sua ostra"* — ou, o mundo está em suas mãos — mas se você não conseguir alcançar o consumidor final, definitivamente precisará ajustar a sua mensagem.

Fazemos opções inconscientes todos os dias: onde trabalhamos, o que vestimos, como falamos, onde fazemos compras, a nossa potencial instabilidade, com quem socializamos... estas são as escolhas que cada um de nós faz ao logo do dia todo. Todas elas, as preferências que fundamentalmente nos definem, provavelmente também determinam o grupo ao qual pertencemos, adicionando um elemento ao segmento demográfico. Todos estes aspectos potenciais precisam ser observados e considerados se você pretende se envolver com o consumidor final que está na mira de sua inovação, especialmente se for um novo modelo disruptivo... e eu espero bem que seja.

Então, da próxima vez que uma ideia sua fizer um colega estremecer, respeite os pontos de vista dele. Quando for do seu conhecimento que o colega "X" franze o nariz com uma sugestão, esta é a prova de fogo, vá em frente! Em alternativa, se o novo conceito não faz com que você, ou sua equipe, se sintam admirados, pergunte-se: *"Será que foi longe o suficiente?"* Você deve considerar este desafio ainda mais e aplicar as soluções adequadas.

Chega de Mesmice!

Capítulo Dois: Paixão

Paixão: emoção forte e difícil de ser controlada.

Há alguma forma melhor de definir nosso apetite por materializar um projeto comercial? Você vai descobrir que um negócio tem a ver com paixão, não apenas com trabalho! Em uma inovação empresarial bem-sucedida, o líder tem de viver e respirar a empresa em todos os seus cantos e aspectos. É um pouco como o envolvimento e comprometimento de que trata a fábula "O porco e a galinha": a galinha, ao fornecer os ovos, está apenas envolvida, já o porco, ao fornecer o bacon, *comprometido*! Com qual deles você se identifica?

Para as ideias prosperarem, os conceitos e *designs* novos precisam que a paixão seja renovada do início ao fim, e mais além. Assim, se houver uma disrupção com relação ao seu pensamento atual e respectivas aplicações, você será desafiado e refutado regularmente. Ao reagir, sua energia e crença determinarão o destino da sua inovação: ser um sucesso ou ficar na memória de poucos. Esse é um processo longo e a paixão terá de acompanhá-lo por toda a parte.

Não há nada que o faça parar. Só é preciso ter imaginação, criatividade e paixão, combinadas a uma grande porção de tenacidade, senso comum, realidade e perspicácia comercial. Não seriam essas exigências excessivas demais? Talvez; mas se não forem atendidas agora, no limiar da Quarta Revolução Industrial, alguém menos competente o fará, e você não pode ficar aí de braços cruzados e deixar que isso aconteça.

Aceite o desafio com paixão.

... porque você é capaz!

Ao escrever um livro, eu diversifico a minha vida não só em relação ao tempo, mas também ao pensamento. É uma atividade catártica e ao mesmo tempo gratificante, além de ser desafiante. Então, por que a exerço? Tenho detalhado alguns dos seus méritos, mas um ponto importante é simplesmente... porque eu sou capaz!

Em 2009, em paralelo ao nosso negócio principal, fundamos uma editora — daí este livro, caso você ainda não tenha adivinhado. Nós somos os sócios-gerentes da empresa. Se eu quiser escrever e publicar um livro, eu posso, eu sou capaz. O que você fez no *seu* negócio que também lhe permita trilhar por outros caminhos? É o princípio "porque você é capaz". No nosso caso, fomos um tanto forçados pela indústria editorial que, na época, estava em desordem por causa das muitas pressões econômicas lideradas pela recessão, e pela disrupção do mercado de livros de papel com a divulgação dos *e-readers*. Além disso, certamente para nós houve uma motivação do tipo: "*Chega de mesmice*". Apesar de não temermos novidades, tivemos de manter a calma.

Se você pensar sobre os diferentes aspectos de seu próprio negócio, sugiro utilizar uma tabela de perguntas para cada segmento que possa identificar:

- No que você é bom, e no que tem alguma dificuldade? Na verdade, esperamos que se conheça bem e saiba que é brilhante em tudo! Todavia, será esse o caso? Questione-se. Elabore um sistema de pontuação e dê notas às suas aptidões e dificuldades;

- Quais os produtos, serviços ou processos que são os mais e os menos rentáveis? Mais uma vez, utilize o sistema de pontuação utilizado na tabela acima. Você compreenderá que nós estamos aplicando aqui a regra 80/20 de rentabilidade (ou seja, 80% dos resultados obtidos são provenientes de 20% dos esforços aplicados);

- Finalmente, qual a área que o motiva todas as manhãs, e qual a que riscaria de bom grado de sua agenda se amanhã pudesse se dar a esse luxo? Existe alguma razão específica, ou é só por causa da rentabilidade?

Questionar-se sem se agredir ou ficar obsessivo é bom. No entanto, peça agora aos seus colegas diretores, sócios e gerentes-seniores para fazerem o mesmo e veja que resultados você obtém. Se for ousado, pergunte também aos seus clientes mais confiáveis. As opiniões e contribuições deles são vitais, embora, para não os assustar, talvez seja melhor fazê-lo em um contexto de melhoria dos seus serviços empresariais.

Agora, compare suas respostas às dos outros para verificar se existe ou não sinergia entre vocês. Isso por si só talvez lhe indique a direção que o seu planejamento deve tomar, e a possibilidade de digitalizar um serviço para apoiar seu desempenho e aumentar sua rentabilidade.

Por exemplo, tradicionalmente o nosso principal foco de negócios são as pessoas com idade superior a 50 anos.

Por quê? Porque elas, invariavelmente, acumularam riqueza e estão prestes a "aterrizar" na aposentadoria. É particularmente nesta fase de "des-acumulação", que o nosso negócio agrega valor real. Como consequência, nós não oferecemos muitos serviços nem acrescentamos vantagens significativas para aqueles que estão nas *fases de acumulação na vida*, cujas faixas etárias estão sempre entre 25 e 50 anos. Sim, mesmo nesse caso, criamos planos de poupança, recomendamos fundos e níveis de contribuição, adicionando grande valor onde for possível, embora haja alguns limites.

É possível que talvez seja um pouco míope de nossa parte (e possivelmente subestimamos o que fazemos). Imaginemos que tomamos uma corda e a esticamos: em uma das extremidades colocamos os recursos do cliente; esses vão sendo redirecionados à outra extremidade à medida que as necessidades e as oportunidades vão surgindo no mercado. Ou pelo menos, era esse nosso sistema até que a disrupção de nosso modelo nos obrigou a buscar custos baixos e alternativas de fácil acesso. É aí que a nossa proposta *online* acrescenta um novo foco.

Ninguém tem "a" resposta

Foi ficando claro que, embora a revolução no mercado de aconselhamento financeiro *online* — mercado que é parcialmente liderado por nós — esteja acontecendo rapidamente, ninguém possui "a" resposta ainda. Em cada resolução de um problema pode haver uma variante em relação à sua proposta e isso é de se esperar, mesmo incentivar. Os negócios seriam um pouco aborrecidos se alguém viesse com uma resposta e todos nós aprovássemos e aceitássemos essa solução. Com efeito, o verdadeiro poder da Internet é esse: o usuário final decide qual a solução e o custo que lhe convém. Pelo fato de o conceito de aconselhamento financeiro *online* ser relativamente novo, levará algum tempo para que o modelo existente (invariavelmente presencial) migre para ele... embora isso venha a acontecer mais rápido do que muitos acreditam atualmente.

Essa migração e o conhecimento de que ninguém "ainda tem razão" acrescentam energia à nossa busca pelo desenvolvimento. Enquanto diferentes soluções para a mesma necessidade avançam, nós acreditamos que as dez melhores empresas vão se consolidar ou serão compradas. Assim, eventualmente, como tem acontecido em outros serviços *online*, haverá um pequeno número de grandes fornecedores em todo o Reino Unido. Poderíamos, então, argumentar que "vencer", se assim o considerarmos, não é importante. *O que* é importante é participar da corrida desde o início e ser aquele que inova e cria disrupção ao mesmo tempo.

Esta consolidação esperada, que possivelmente ocorrerá após uma rápida proliferação de empresas, não é nenhuma novidade. Um bom exemplo disso são os corretores de seguros gerais *online*, cujas marcas mais conhecidas pertencem aos grandes bancos ou às companhias de seguros... e você pensou que tivesse pesquisado o mercado! Há atualmente muitas barreiras econômicas e regulatórias ao acesso, começando de uma base relativamente baixa, mas exigindo uma infraestrutura e poder de *marketing* significativos. Não posso deixar de mencionar, como sempre faço, as guerras entre as marcas de "detergente de roupa", com suas centenas de produtos espalhados pelos corredores do supermercado, mas que pertencem a apenas um punhado de fabricantes. Quase não importa o que você compra, contanto que compre, porque, no fim, o dinheiro vai parar nas contas bancárias de poucas empresas.

Um outro ponto vital é a erosão do valor do produto, com a correspondente redução nos lucros futuros. Isso é quase um momento "tenha cuidado com o que deseja". Nós provavelmente, e de forma imprudente, rimos só de pensar que se a nossa nova oferta *online* realmente decolasse, não teríamos a capacidade de lidar com o volume de negócios que esta poderia gerar. Não tínhamos como objetivo cobrar preços baixos e obter uma boa margem de lucro através de um grande volume de trabalho, apesar de termos considerado praticar essa estratégia de venda. Esta, em inglês, é chamada "the stack-'em-high-and-sell-'em-cheap" (ou, em tradução livre, "empilhar alto e vender barato"). Mas, para acertar com base nas escolhas do público ou do usuário final, o que você deve fazer? A resposta é: prepare-se para enfrentar as dificuldades —, por nosso lado, estamos ansiosos para empreender esta viagem.

Após organizar o seu planejamento, verifique *constantemente* o que seus concorrentes estão fazendo, não para copiá-los mas para estar ciente do desenvolvimento e das iniciativas deles e, mais importante, para conhecer os motivos pelos quais eles escolheram os caminhos tomados. Será que as preferências e opções deles foram baseadas na demanda do usuário final, ou em um teste de conceito? Será que eles estão buscando uma interação adicional com o usuário ou as escolhas estão sendo orientadas para contar "ninharias", deixando a inovação em segundo lugar, depois do lucro?

Ideia brilhante, mas mal executada

Será que a inovação estorva o lucro? Como exemplo, ao longo dos anos, carros maravilhosos com características inovadoras de *design* ou de engenharia têm sido projetados. Durante a produção, estas novidades vão sendo suprimidas para cortar custos, transformando um veículo bonito em um verdadeiro horror. O *designer* original se envergonharia de assumir a autoria da criação do carro. Tenho certeza de que você tem os seus próprios exemplos favoritos de uma ideia brilhante, mas mal executada.

Isso geralmente acontece quando os contabilistas e os "contadores de ninharias", para aumentar os lucrar a partir de uma ideia ou um modelo novo, reduzem os custos de produção e, por conseguinte, a qualidade. Os robôs e a automação têm ajudado a reduzir os custos de produção — mas será que este processo pode ser aplicado da mesma forma no desenvolvimento e na evolução *online*? E este é restrito a empresas globais?

A resposta à última questão é, sem dúvida nenhuma, *não*, o que é emocionante para os empresários de todo o mundo. Aproveito agora, respondendo à questão sobre se a inovação estorva lucros, formulada no penúltimo parágrafo, para afirmar categoricamente que *não*. Isso ocorre porque a capacidade de se fantasiar sobre o que é possível ser alcançado através da mudança, de pensar no impossível, mas não no incrível, é essencial. O *design* de tais inovações pode vir a ter um custo muito baixo, e este não é mais restrito a grandes corporações. A produção, porém, é uma questão diferente e é aí que paira a necessidade imperiosa de pesquisar e procurar bons conselhos antes mesmo de começar.

Não entende nada de binário

Em 1981, eu estava progredindo na minha formação escolar. Frequentei uma boa escola, se bem que só me dei conta disso muitos anos mais tarde; atualmente muitos pais fazem de tudo para conseguir que os seus filhos estudem lá.

Nunca fui do tipo cientista: preferia sonhar acordado na classe, exceto nas aulas de Artes ou de Desenho Técnico. Ambas as matérias preenchiam a curiosidade da minha mente, e eu vivia me indagando: *"Por que eles fazem assim?"* ou *"Não poderia ser feito de outra maneira?"* ou *"E se olharmos para isso de uma perspectiva completamente diferente?"* Não havia limites, o que para mim era incrível! Estas matérias realmente encorajam o pensamento aleatório, e a paixão nos tira da esfera em que estamos, o que nos faz assumir um olhar completamente diferente, gerando uma oportunidade para avaliar se o assunto poderia ser planejado, mapeado, elaborado, administrado e executado através de um caminho completamente diverso (e mais eficiente e emocionante).

Especialmente em Artes, eu adorava observar como os meus colegas de turma alcançavam resultados diferentes a partir de uma mesma tarefa. Se em uma matéria, como Desenho Espacial, tivéssemos de desenvolver um projeto por meio de pintura a óleo, a variação das peças finais era fabulosa. Cada tela era muito diferente e diversificada, explorada por mentes jovens inquisitivas que se expressavam através da pintura.

Os pensamentos criativos que divergiam da tendência dominante eram reprovados. Que ironia! Mas, para mim, são exatamente ideias incomuns que me ajudam a inovar agora. Como um aparte, eu julgava que a minha pintura fosse boa — mas quando via o trabalho de alguns colegas, ao longo dos anos, isso me fez perceber que no meu futuro deveria haver um caminho que me levasse a outro lugar, melhor e mais lucrativo.

Do ponto de vista acadêmico, faltava-me motivação ou interesse em muitos assuntos; como eu já tinha atingido a puberdade, namoradas se tornaram um tema real, não apenas imaginário. Saí algumas vezes com uma menina chamada Joan. Estávamos no mesmo ano e assistíamos a muitas aulas juntos, inclusive Matemática, em cujo programa constava o sistema de numeração binário. Esse assunto me deixou imediatamente perplexo. Mesmo agora, cerca de trinta e cinco anos depois, a minha compreensão desse conceito é insignificante e ainda tenho pouco interesse pela matéria original, o mesmo que sinto em relação à regra de impedimento no futebol. Joan, como provocação, passou a me chamar "Pateta em Binário". Até que o apelido expressava a verdade, porque eu não entendia nada mesmo, mas eu certamente não queria que todos soubessem disso. Um cara bacana, como eu me achava, tinha de continuar sendo visto pelos outros como *cool*.

A minha relação com a Joan, como a borboleta mencionada anteriormente, foi golpeada muito rapidamente e meu mundo continuou. Note que a matéria, mesmo naquela época, fazia parte do currículo escolar e, posteriormente, evoluiu com o nome de Basic para permitir que as crianças demonstrassem verbalmente sua compreensão no que diz respeito à linguagem dos sistemas de computação. Atualmente foi substituída por uma matéria que é ministrada a crianças muito jovens e consiste no ensinamento de linguagens de programação.

Progresso? Provavelmente. Mas continua sem interesse para mim.

Isso não significa que eu não esteja aberto a novos métodos e seus respectivos resultados. Prefiro olhar para conceitos, disrupções e maneiras inovadoras que possam ser aplicados no mercado e, depois, oferecidos através de uma proposta *online* e, em última análise, codificados. O ponto aqui é: faça o que inspira *você* e deixe para os outros os assuntos que *não* o interessam; utilize seus pontos fortes ao invés de suas deficiências.

Todos nós temos áreas específicas de conhecimento que nos motivam. Se você trabalha em uma equipe pequena e percebe que há a necessidade de terceirizar o desenvolvimento, então faça isso. Mesmo se na sua equipe houver alguém que seja competente, mas não brilhante no que se refere à formação de uma nova estrutura, será que suas habilidades não poderiam ser usadas em uma outra fase do processo, enquanto delega esta função a terceiros? Foi o que fizemos em nosso próprio negócio, com grande sucesso.

Seja sensato nas suas escolhas, meu amigo

Se você tenciona terceirizar o desenvolvimento de sua nova proposta ou do seu *site*, escolha cuidadosamente o seu provedor. Este deverá refletir a essência da mensagem e dos valores que você pretende enviar ao usuário final. Acima de tudo, o selecionado deve compartilhar de sua paixão.

Para o nosso novo modelo alternativo, queríamos nos afastar do nosso estilo de negócio e da nossa clientela — ambos tradicionais e mais velhos — com os quais nossa empresa já existente estava acostumada, preferindo nos concentrar em gerações mais jovens: a "X" e a "*Milennial*" (que abrangem pessoas nascidas entre 1966 e 1980 aproximadamente). Contratamos um programador *web* cujo pessoal estava nesta faixa etária. Essa escolha deu-se principalmente porque a atitude, estratégia e as ideias deles estavam distantes do nosso pensamento típico da geração anterior. Precisávamos de pessoas com idades acima e abaixo de 43 anos (a nossa própria idade identificada), que nunca viveram em um mundo sem computadores —, bem como pessoas que, como eu, tiveram de aprender a lidar com essas inovações ao longo dos anos. Tenho de dizer que, no começo, não me senti à vontade com esse procedimento. No entanto, se quisermos nos envolver com o nosso público-alvo, temos de abordá-lo corretamente por meio da mídia e da forma de linguagem que *lhe* agrada.

No início, nossos programadores *web* criaram cuidadosamente um *site* que preenchia os critérios que lhes tínhamos transmitido de forma minuciosa nas inúmeras reuniões que tivemos. Durante os primeiros estágios de desenvolvimento, eles *pensaram* que tivessem entendido o que realmente queríamos, mas estavam errados — como se revelou mais tarde. Então, pedi-lhes para tentarem novamente, criando o *website* mais *bobo* que eles pudessem imaginar para o conceito de aconselhamento *online* em que estávamos trabalhando.

Foi aí que nos foi apresentada uma proposta brincalhona, divertida, fresca e fabulosa! Esta refletia os jovens, e não os tradicionais como "nós" — aqueles que estávamos especificamente tentando evitar neste projeto. Não é sempre que você depara com esse tipo de vocabulário quando lida com planejamento financeiro, que, mesmo no seu melhor, é um assunto muito árido. Era exatamente por isso que precisávamos fugir à regra.

Afirmo, com alguma ironia, que nas estatísticas realizadas até o momento, os visitantes foram distribuídos conforme a faixa etária; os resultados têm desafiado nossos planos e expectativas em relação à idade dos usuários, como se pode ver a seguir:

Demografia/Estatísticas de visitantes do site *de aconselhamento financeiro* online, "SaidSo.co.uk"

Idade   **37.37% do Total das Sessões**

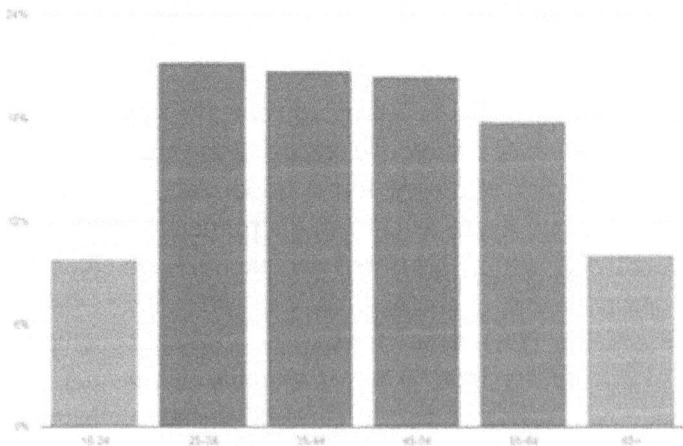

Gênero   **39.07% do Total das Sessões**

■ Homens   ■ Mulheres

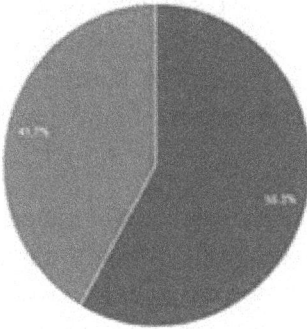

Tecnologia pela qual o aplicativo foi acessado

Computador   *53,43%*

Celular   *35,84%*

Tablet   *10,73%*

Nestas estatísticas, até agora, a maioria dos acessos foram realizados por dispositivos móveis da Apple, como iPhone ou iPad — nada surpreendente, mas é interessante notar que alguns visitantes do nosso *site* utilizaram o Xbox.

Fonte: Chapters Financial Limited/SaidSo.co.uk Analytics/2015.

Mesmo depois de termos ajustado cuidadosamente o nosso planejamento, a direção da nossa marca e o texto para atrair os *"Milennials"*, os dados dos gráficos acima são um bom exemplo de que são as forças de mercado que fazem com que os usuários finais realizem as próprias escolhas em relação aos serviços e à interação que eles têm com você.

A Internet não pode escolher quem a utiliza — mas é através da estatística de seus dados que podemos permitir que o usuário final indique o seu interesse em um produto ou serviço e a forma como ele os visualiza. Questionar esses dados nos dá elementos para desenvolvermos outras iniciativas, para atendermos à procura e até mesmo expandi-la.

Quando você considera que esse método é quase exatamente o oposto do utilizado num passado recente — que era orientado e concentrado no marketing em si —, este por si só pode ser visto como uma disrupção das técnicas de venda do passado. Por isso, use-o em seu favor.

Você está sempre vendendo a si mesmo; chame-o do que quiser

Recentemente, fiz um comentário que provocou tanto críticas quanto elogios. Eu havia sugerido que, quando montamos a nossa empresa, nós o fizemos com a pretensão de que "nunca teríamos de vender nada". Isso foi provavelmente um pouco ingênuo da nossa parte, e um colega lembrou-me de que não devemos nos iludir pois *vendemos a nós próprios todos os dias de nossas vidas profissionais*. É certamente verdade que você se vende desde o primeiro contato até o último, permitindo aos clientes e interessados exercerem a opção de comprar, ou não.

Por outro lado, um cliente sugeriu ter ficado agradavelmente surpreso pelo fato de eu nunca ter tentado vender-lhe qualquer coisa; ele elogiou-me essa estratégia e depois passou adiante para realizar a compra. Eu estava vendendo alguma coisa? Sim, mas não da maneira óbvia que muitas pessoas abominam, como: *"Você deve comprar!"*.

Vender não é um palavrão, nem *lucro*, embora alguns possam ter provado o contrário durante os anos de recessão. A estabilização dos últimos anos de muitas das economias globais desenvolvidas tornou possível o retorno do lucro como principal motivador para as empresas, compensando ganhos perdidos durante a última década. Essas economias ainda estão frágeis, isto é certo, mas estão mais informadas e conectadas do que nunca — e essas fontes de dados quase instantâneas podem, por si, trazer uma certa estabilidade, uma vez que todo o mundo tem informações corretas sobre o que todo o mundo está fazendo.

Emoções constrangedoras: você continua interessado?

Nada se compara à emoção de começar um negócio e ser bem-sucedido. Se você não sentir esse burburinho interior, talvez esteja fazendo algo errado. Ou talvez tenha acertado durante um tempo extremamente longo. Quando a inspiração e o otimismo inicial desaparecerem, é possível que vá se indagar se era isso mesmo o que pretendia.

Você acorda todas as manhãs com um desejo feroz de estimular seu negócio? Na sua rotina diária, esquece-se do mundo lá fora? Ótimo! Mas, será que você acorda angustiado porque tem de ir trabalhar? Talvez você tenha sentido esse tipo de desânimo anos atrás, e foi por isso que abandonou o antigo local de trabalho para iniciar a sua própria empresa; então por que este sentimento voltou? Eu não me refiro aos problemas do dia a dia que todos nós enfrentamos. Refiro-me ao sentimento real implícito de que este não é o lugar onde você gostaria de estar, e se não melhorar, talvez tenha de apertar o botão metafórico "*ejetar*". *Não faça isso!* Você está no caminho certo, é só uma questão de manter a calma.

Geralmente, todos nós nos sentimos frustrados quando somos confrontados com a mesmice de sempre. A rotina é uma grande estrutura para se construir um negócio confiável e sólido, em que todos — você, seus funcionários, clientes e interessados — têm uma ideia exata de como será a experiência de lidar com o seu negócio. Ter pulso firme é ótimo..., mas possivelmente aborrecido, especialmente se você já foi abençoado por um espírito empreendedor que o motivou a começar o negócio originalmente.

Se você estiver prestes a começar um novo projeto, é importante conhecer o lugar que você ocupa em seu próprio mundo, no seu negócio, na sua equipe e na sua mente. Depois, é hora de aplicar e manejar as energias, boas e más, que serão necessárias para romper o pensamento atual e executar novos conceitos.

Apaixonar-se de novo... pelo seu negócio

Você já tentou se lembrar das razões, tanto positivas quanto negativas, que o levaram a começar a sua empresa, em primeiro lugar? Para mim levou nove meses para traçar todos os planos detalhados para o lançamento do nosso negócio — todas as minhas anotações estão guardadas. Desde então, tem sido um turbilhão; para você também deve estar difícil manter os pés no chão. O negócio que você criou está sempre carente de sua atenção e de seu tempo, e até parece querer mantê-lo afastado do que você realmente deseja realizar.

Bem, reassuma o controle. A realidade é que aquelas anotações originais provavelmente vão entulhar algum armário nos próximos anos. No entanto, uma vez ou outra, vale a pena espanar-lhes o pó, tanto para dar boas risadas ao ver a sua visão da época, quanto para perceber como a sua empresa se transformou desde então. Mais importante, essas notas lhe permitem reviver algumas das emoções pelas quais você passou durante o planejamento e sentir mais uma vez aquela energia emanar ao fazer tais escolhas inspiradoras.

A "linha tênue"

Seu negócio deve estar indo bem e há uma certa tendência em assumir a atitude: "Se não está quebrado, não conserte". Eu já mencionei que estudei Artes e Técnicas em pintura a óleo. Meus quadros eram adequados, mas havia sempre uma linha tênue entre uma peça fresca e bem-acabada e uma cuja produção tenha sido exagerada e laboriosa demais. Isso pode acontecer quando você escreve um livro, ou faz qualquer trabalho criativo, o que inclui a inovação de um negócio.

Lançamos o projeto do nosso novo modelo *online* e continuamos a desenvolvê-lo ao longo do primeiro ano. Estamos muito satisfeitos, tanto com o lançamento quanto com as atualizações e alterações posteriores, que mantêm o nosso modelo fresco e vibrante. No entanto, nós alcançamos uma linha no momento em que escrevemos este livro. Assim, realizamos algumas atualizações, e depois manteremos as coisas como estão, digamos, por seis meses, para deixar tudo quieto, descansando. Em nossa opinião, novas adições podem prejudicar mais do que beneficiar. Essa é a nossa opinião atual sobre a "linha tênue".

A arte do possível

Continuando com o assunto "arte", esta existe quando fazemos as coisas acontecerem de uma forma inovadora.

Os componentes-chave para a sua estratégia podem ser: olhar para o que passou, examinar os ativos atuais, avaliar a potencial distância a percorrer e o que mais pode conseguir com o que você possui. Neste caso, será necessário praticar o pensamento livre, aplicando a arte do possível.

De certa forma, é um pouco como as aulas de Artes às quais assisti todas aquelas décadas atrás: pega-se um assunto, escolhe-se o material a ser utilizado, como o papel e a tinta, e deixa-se levar pela imaginação. E depois, se achar que perdeu a direção, tenha a capacidade de mostrá-lo às pessoas em quem confia e pergunte-lhes qual o caminho que elas pensam que você deveria tomar.

Consequências imprevisíveis

Quando foi a última vez que você exclamou: "Uau!"?

Geralmente é um termo positivo, mas quando foi a última vez que você o usou enquanto observava as consequências imprevisíveis de um processo ou inovação? O que o fez parar e pensar, *"Uau! Se tentasse isso, conseguiria... o que significa que eu poderia... assim há a possibilidade de cortar custos/melhorar a produtividade/aumentar a distribuição/criar uma aplicação completamente diferente do que fora originalmente planejado?"* Não se trata de realizar uma pequena adaptação ao que está sendo feito, como é tão comum, mas concretizar uma verdadeira inovação inesperada.

É provavelmente o mesmo projeto que foi desprezado por tipos como os dos "sugadores de energia", pessoas que além de estarem longe de ser positivas em relação às pessoas de pensamento aberto, que trabalham um conceito ou projeto, só tencionam pará-lo. Isso não é novidade, como a história demonstra:

As coisas avançam tão rapidamente hoje em dia que as pessoas que dizem "Isso não pode ser feito" estão sempre sendo interrompidas por alguém que o faz.

Esta citação está na publicação americana, *Puck*, de 1903. No entanto, existem aqueles que argumentam que é muito anterior a isso, e a atribuem a Confúcio.

Eu ouço com frequência gerentes e proprietários de empresas dizerem aos seus funcionários que mantêm a porta aberta a qualquer um que lhes trouxer para a mesa de trabalho problemas... contanto que também tragam as respectivas soluções possíveis. As conversas resultantes desses encontros são muito mais positivas quando há uma opção ou mais para resolver um problema ou uma oportunidade.

Seja lá o que fizer, mantenha a mente aberta. Se você nunca passou por esse momento "uau!" como experiência, precisa encontrar um. Eles são maravilhosos, e estão lá esperando que você os descubra. Um sucesso pode, no fim das contas, não se tratar de nenhuma inovação.

Nunca tema o fracasso. Você já deve ter ouvido isso antes: não se pode esperar acertar o tempo todo, especialmente quando se está tentando romper com modelos e planos existentes. Franklin D. Roosevelt observou em seu discurso de posse, em 1933, que *"Não há nada a temer senão o próprio medo*". É digno de nota que ele foi eleito no momento em que seu país estava passando pela Grande Depressão. A afirmação a seguir pode ter causado um efeito calmante:

"Então, em primeiro lugar, deixe-me defender a minha firme convicção de que a única coisa que devemos temer é o próprio medo — o terror sem nome, irracional, injustificado que paralisa os esforços necessários de converter o retrocesso em avanço. Em cada hora escura de nossa vida nacional, uma liderança de franqueza e de vigor tem se associado à compreensão e ao apoio das próprias pessoas, o que é essencial para a vitória. E estou convencido de que você voltará a dar esse apoio à liderança nestes dias críticos".

Essas foram grandes palavras em um momento de mudança, incerteza e fé cega no futuro. Um pouco como a disrupção empresarial, realmente! É notável perceber que essas palavras poderiam ser relevantes em relação ao resultado surpreendente do referendo através do qual o Reino Unido escolheu sair da União Europeia. Pode-se argumentar que durante o processo de inovação de um fornecimento, é melhor ter um fracasso fundamental do que um sucesso medíocre. Um sucesso "medíocre" pode revelar que não se tratava de nenhuma inovação.

Advogados alertados para não armazenar informações confidenciais na Nuvem

Na tentativa de avaliar os riscos e atualizar o tema, a publicação *City A.M.* relatou no final de fevereiro de 2016 que o Conselho da Ordem dos Advogados no Reino Unido (*The Bar Council in the UK*) alertou seus membros de que, ao adotarem a tecnologia e o armazenamento em

Nuvem, estarão sujeitos à legislação americana; portanto, as autoridades norte-americanas poderão acessar os dados armazenados lá, sem permissão. Isto é aplicável à Nuvem ou aos serviços externos de *backup* que são da propriedade de empresas norte-americanas, mesmo que os dados em si estejam sujeitos ao privilégio legal do Reino Unido. Isso pode significar, em princípio, que um advogado pode violar a Lei de Proteção de Dados do Reino Unido se os dados de seu cliente armazenados na Nuvem forem acessados para recolher informações confidenciais. É improvável que qualquer um de nós, profissionais ou não, venhamos a conferir as cláusulas de um contrato que dispõe sobre os dados armazenados na Nuvem, nos Estados Unidos; mesmo se o fizéssemos, teríamos dificuldade de detectar o seu potencial risco.

Sendo uma empresa pequena que lida com informações confidenciais do cliente, não adotamos a tecnologia da Nuvem por razões semelhantes. Nós ainda não detectamos nenhuma falha importante da Nuvem, e estamos curiosos em saber como será se esta ocorrer. Além disso, se houver uma falha, queremos ver as suas repercussões e de que forma essas serão controladas, para que possamos decidir se esta inovação técnica amplamente adotada e sua respectiva evolução se adaptam à nossa empresa. Estamos cientes de que os custos de aquisição e substituição de nossos próprios servidores são altos, mas graças a eles mantemos a segurança dos dados, e isso é vital tanto para o nosso negócio principal quanto para a nossa nova proposta.

Tempo é dinheiro... e é mesmo

Há algum tempo, passamos por uma experiência empresarial intensa: uma empresa disputava a nossa marca. Foi desafiante, demorado e muito trabalhoso. Seu desfecho foi suficiente para permitir-nos seguir em frente.

Ao meu ver, os outros diretores e eu tínhamos conseguido um bom resultado, sem nos desviar do negócio principal (foi o que pensamos na época). Cerca de dois anos depois, conversando com um contato próximo, ele, sem hesitação, fez o seguinte comentário sobre aquele tempo e assunto: *"Bem, vocês estavam extremamente distraídos naquele momento"*, sugerindo que o nosso progresso poderia ter sido maior no período da disputa. Meu protesto foi imediato, quase como uma pantomima ao sugerir *"oh, não, nós não estávamos..."* e então parei. Em retrospectiva, admito que eu estava errado e que a observação dele era inteiramente correta. Nós estávamos mesmo *distraídos*, e muito. Sim, conseguimos sair daquele impasse, mas perdemos tempo e o caso nos consumiu a capacidade de criação, gestão, produção e direção. Dizer que ganhamos a batalha e perdemos a guerra seria muito radical, mas é assim que nos sentimos. Se tivéssemos realmente concentrado a nossa energia na empresa e dedicado um tempo limitado para lidar com o desafio, sempre que possível, estaríamos em uma situação melhor agora.

"Tempo é dinheiro", como se costuma dizer. O dinheiro pode ser perdido e recuperado, o tempo não. Tenha cuidado para onde direciona sua energia pessoal, porque essa só pode ser gasta uma vez e depois está perdida para sempre. Faça-a render!

Prova de conceito

Você já atingiu a "linha tênue" do seu negócio? Até certo ponto, nós já, em relação ao nosso negócio principal.

Há sempre algumas tarefas de gestão internas e ajustes a serem feitos —, mas ele não está quebrado, muito pelo contrário, e não precisa de conserto. Isso, até certo ponto, não é nenhum desafio. As sobrecargas de trabalho geram muito acúmulo de tarefas, que se transforma em um grande volume de serviço, que por sua vez cria desafios, mas nada que cause grandes problemas. E para ser claro, eu gosto de um desafio. E você?

O economista e cientista político Joseph Schumpeter observou no início do século XX que a invenção é o exercício do impulso criativo. Note que um impulso criativo pode ter uma utilização limitada se não conduzir à segunda fase, a da inovação. É a *inovação* que fornecerá as recompensas.

Joseph Schumpeter popularizou o termo "destruição criadora" na economia, o que não causa supresa pois ele trabalhou ao longo de todo o período da Grande Depressão. Sugere-se que ele foi o primeiro estudioso a teorizar sobre o empreendedorismo, identificando a inovação como uma dimensão crítica da mudança econômica. Em particular, ele observou que a inovação tecnológica muitas vezes cria monopólios temporários, gerando lucros anormais que logo são disputados por concorrentes e imitadores. Esses monopólios temporários são necessários para incentivar as empresas a desenvolver novos produtos e processos.

Foi relatada no *site* AEI.org a relevância da *Teoria da Destruição Criadora* nos negócios de hoje, incluindo comentários sobre o Efeito Netflix ocorrido em agosto de 2015. No artigo (agosto de 2015) *"The Netflix Effect": An Excellent Example of "Creative Destruction" ("O Efeito Netflix": Um excelente exemplo de "Destruição*

Criadora"), Mark Perry, professor de economia e finanças da Universidade de Michigan, erudito do AEI, considera o poder deste processo e seu impacto sobre as indústrias existentes, que apresentam todas as evidências de terem sido "netflixadas".

Quanto aos nossos próprios planos de negócio, tivemos a inspiração de fornecer a nossa proposta em um formulário simplificado, igual àqueles utilizados em negócios tradicionais, mas exclusivamente *online*. Nosso objetivo: prova de conceito. Nosso motivador? Em parte alimentado pelo ego, em parte por orgulho, eu quero ser conhecido como o pai do aconselhamento financeiro *online*. Mas tem a ver com ganância também, pois se der certo, posso vender a ideia. E, finalmente, por um pouco de medo de me arrepender no futuro se eu não terminar esse projeto agora, que estou prestes a completar 50 anos de idade (daqui a um ano, mais ou menos), num momento em que me sinto capaz e cheio de energia.

Devo admitir que, ao escrever o último parágrafo, fui tomado pela emoção que se transformou em desejo, audácia, paixão, mesmo sede de continuar. E enquanto esses sentimentos permanecerem comigo, vou aproveitar!

Não assusta começar um novo negócio quando já se tem uma sabedoria empresarial adquirida através da experiência comercial. No entanto, da mesma forma que o primeiro negócio lhe custou noites insones anos atrás, qualquer empresa nova necessita de um motivador. Desta vez, estou certo de que este será diferente do que o anterior e pode ter lá o seu risco, mas tem como origem uma posição mais forte em termos de conhecimentos e finanças.

Mesmo assim, espero que seja tão desafiador quanto o anterior. Se não, responda (considere isto como uma pesquisa): você acredita que pode ultrapassar o plano inicial? Caso contrário, o esforço despendido para obter o resultado talvez não valha a pena. Deve haver um ponto de venda-chave que vai mover não só o negócio novo, mas também o já existente — ou pelo menos ser neutro em relação a ele — para que compense a energia e a concentração que lhe são exigidas.

Meu maior medo era o de me desviar do negócio principal, porém o nosso planejamento cuidadoso impediu que isso acontecesse — aliás, isso sempre tem de ser observado. É possível ser o mestre de cada empreendimento, desde que você se concentre.

Cuidado com o que deseja; você pode consegui-lo

Você já pensou que talvez tenha subestimado maciçamente o quão longe um plano ou conceito poderia chegar? Se o sonho que acabou de conceber se concretizasse em até 10%, você e a sua infraestrutura teriam a capacidade de atender à nova demanda?

Se isso ocorresse, geraria um grande problema, e quem sabe até uma dor de cabeça enorme. Planeje o seu negócio e o lance ao patamar que sua intuição e a pesquisa de mercado conduzem. Não se esqueça de reservar um espaço para quando a empresa crescer — o que pode acontecer mais rápido do que você sonhou.

Modernização

Se a inovação não for para você — e você sabe a grande quantidade de energia e foco que isso vai lhe exigir —

então deve estar ciente de que o mundo não para e de que o seu negócio existente precisará refletir esse movimento. Um programa de modernização em dia pode fazer com que o seu negócio avance para a próxima década?

Ficar parado não é uma opção eficaz se quiser que a sua empresa continue rentável no futuro. Sinta-se à vontade de discordar desta afirmação, mas na minha experiência, os ventos empresariais contrários que enfrentar podem tornar seus rituais atuais ineficazes em um curto espaço de tempo. Sinto muito, mas para mim, ficar de braços cruzados é o mesmo que regredir gradativamente. É como um fator de inflação que flui às suas custas.

A modernização e a evolução empresarial devem ser adotadas. Uma alternativa é ser engolido por um consolidador que assume o seu negócio por uma fração de seu valor real e o moderniza, excluindo você, provavelmente. Esta alternativa pode ser satisfatória se a sua empresa tiver atingido a fase final do seu ciclo. No entanto, eu acho que o fato de você estar lendo este livro significa que provavelmente não é este o seu caso.

E quanto aos próximos cinquenta anos?

Eu o desafio também. Se a sua carreira atingiu um patamar natural, pense no quê você poderia diversificar em outros aspectos de sua vida. Conheci recentemente profissionais de meia-idade cujos salários atingiram o nível mais alto de suas carreiras quando ainda eram relativamente jovens — quer dizer, em torno dos 40 anos de idade. Compreendo que esta declaração solta pode ser discriminatória em relação aos idosos, especialmente tendo em conta que, no atual envelhecimento demográfico do Reino Unido, a probabilidade de viver mais cinquenta anos e chegar aos noventa não é despropositada. Vale sempre a pena procurar uma alternativa, ao invés de se resignar a estagnar profissionalmente por causa da opinião ultrapassada de alguém que julga que a política salarial pode restringir sua carreira. Um indivíduo me contou que, pelo fato de o seu plano de aposentadoria não ser suficiente para sustentar-lhe o padrão de vida quando atingisse 66 anos, tinha começado a mudar o tipo de aplicações financeiras, passando os seus investimentos que eram compostos por fundos excedentários (portanto de curto prazo) para fundos de prazos mais longos.

Ter duas carreiras durante a vida profissional não é incomum nos tempos atuais. Eu acho que essa opção só se consolidou nas últimas duas décadas, possivelmente como reflexo dos tempos econômicos e devido ao aumento da longevidade no Reino Unido e em outras nações desenvolvidas. Exercer duas carreiras ao mesmo tempo não é incomum — e na verdade, é uma tendência crescente. Esta é uma inovação e disrupção ao mesmo tempo, mas numa escala pessoal. Eu aplaudo.

Seja lá qual for a sua decisão, dedique algum tempo para pensar e pare na encruzilhada em que se encontra na vida, veja aonde está indo e verifique se este é o caminho que você, seu parceiro, sua família desejam e querem tomar. Você só tem uma vida, apenas certifique-se de vivê-la.

Seja ágil

Em 2016, liguei para uma grande companhia de seguros para resolver um problema quanto à documentação de um cliente. Precisávamos fazer alterações no plano dele e queríamos nos organizar de acordo. Já na primeira frase… ainda posso ouvi-lo perguntar: "Para quê você tinha de ligar? Por quê? Não lhe ocorreu fazer o pedido *online*?"

Você pode imaginar que a empresa em causa estava estabelecida há muito tempo. Embora ela se posicione como progressiva, munida de aplicativos para isso e *sites* para aquilo, a realidade é que se você tiver uma apólice deles ou tiver feito um acordo com eles, mergulhará na idade das trevas do telefone e da burocracia.

Solicitei que me mandasse um *email* com as cópias dos documentos e a pessoa que me atendeu foi muito prestativa e gentil. Suas últimas palavras foram: "Vou providenciar imediatamente e enviar-lhe, no mais tardar até o dia 16 de fevereiro". Tudo estaria muito bem, se não fosse o fato de que faltavam vinte dias até o dia 16 de fevereiro. Vinte dias... para enviar um *email*! Agora, isso não é um discurso retórico sobre um mau serviço ou tempos de ineficiência; no entanto, esta é uma constatação oportuna.

Eu tenho um pequeno exemplo, mesmo uma "ponta do *iceberg*" da vida real, de um grande líder industrial que vem sendo prejudicado pelo legado comercial de seu próprio passado. Todos os êxitos que conseguiu décadas atrás se tornaram agora um peso administrativo, pois toda a vez que ele quer garantir novos negócios, fica atolado pelas práticas antigas.

Separar os negócios antigos dos novos, aplicando a inovação aos novos e o confinamento aos antigos, poderia ser uma maneira possível de contornar essa situação.

Empresas estabelecidas, grandes na maioria, vêm tendo seus negócios afetados por décadas pela defasagem que receberam como "herança". É por isso que as pequenas empresas têm capacidade de ser ágeis; fornecendo a oportunidade de trabalhar de forma rentável com aquelas instituições desajeitadas, ou em função delas.

Exemplos dessas instituições podem ser bancos, quando tentam empurrar para a frente seus problemas de dívidas como se fossem batatas quentes; empresas fornecedoras de combustível nuclear, quando a usina é encerrada; até mesmo os fabricantes de veículos que, devido aos escândalos dos testes de emissões de poluentes nos quais estão envolvidos, verão seus lucros milionários serem varridos agora e nos próximos anos. Os problemas são claros e, geralmente, são motivo de manchete nos jornais; a forma como estas questões, até mesmo crises, são tratadas e geridas vai decidir se uma empresa continuará operarando ou irá à falência. Muitas dessas empresas maiores, com esse tipo de legado, são incapazes quer por desejo quer pela rentabilidade — o que é compreensível, de ajustar o modelo antigo a novos métodos.

Que grande oportunidade disruptiva!

Chega de Mesmice!

Capítulo Três: Inovação

Inovação*: um método, uma ideia, produtos novos etc...*

Inovar é divertido. Para começar, não existem regras — o que é um alívio para um especialista em serviços tão fortemente regulamentados como são os financeiros. Embora possa parecer complicado e vago, você possui uma página em branco e nela pretende criar uma estrutura que outros vão usar, possivelmente plagiar e depois acompanhar no futuro. Assim, não seja tímido ao aprovar o conceito inicial; enquanto evolui da fase de *criação* à *inovação*, certifique-se de que tudo convém a você, à sua empresa, às suas necessidades e aos seus objetivos, bem como às suas expectativas de lucro quando os volumes esperados eventualmente fluírem.

Visualize abaixo o caminho para o sucesso:

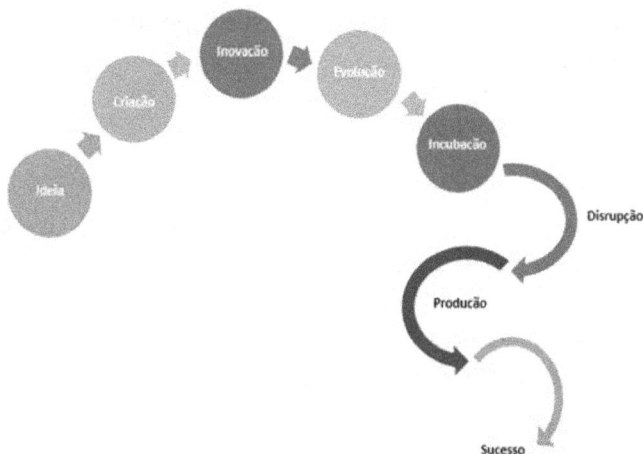

Os limites correspondentes a cada fase não são bem nítidos no início. Cada fase tem de ser descoberta, desenvolvida e nutrida... por você.

A inovação, na minha opinião, não pode existir sem evolução. A definição de evolução é *o desenvolvimento gradual de alguma coisa*. Não estou certo quanto ao termo "gradual" desta definição, embora seu sentido implícito seja sólido o suficiente. Nestes tempos revolucionários, a tecnologia distorce os limites do que é possível ser alcançado e permite que abordagens antigas sejam questionadas, mesmo fragmentadas e redesenvolvidas, em vez de progredir aos poucos. Muitas empresas têm a oportunidade real de serem viradas ao avesso e, depois, reinventadas em muitos aspectos, em particular quanto à distribuição. Isso era inconcebível há uma década! É impressionante!

Tome cuidado para que sua inovação seja real, não apenas uma diferenciação artificial do produto. Isso pode assumir a forma de redescoberta ou renascimento de um conceito antigo, transformando-o em algo inteiramente novo, produzindo resultados verdadeiramente emocionantes. Quando foi a última vez que você considerou sua empresa estimulante ou *sexy*? Esta é a sua oportunidade para transformá-la nisso.

Inovador ou disruptor? Ambos são bons

Tem sido fascinante observar os verdadeiros inovadores romperem os mercados estabelecidos através do uso de tecnologia. Não é a disrupção em si que fascina, embora tenha seus momentos; é o conceito de se aproximar mercados existentes de maneira completamente diferente que, de forma invariável, traz nova vitalidade a uma situação que estava se tornando velha, ou pelo menos complacente e precisando de uma boa sacudida. A reação dos detentores do mercado existente em relação aos intrusos também é digna de nota: eles podem combater-lhes a entrada com ofertas alternativas, reduções de preços e muitas vezes com meras ridicularizações. No entanto, ficam prejudicados com esse comportamento. Ao intervir, eles simplesmente desviam a atenção para as novas propostas, ofuscando os próprios produtos que oferecem. Às vezes, a ausência de reação é a melhor reação.

Os exemplos de maior expressão *online* podem ser o Purplebricks.com, prestadores de serviço no mercado imobiliário residencial, e, é claro, o *Über*, nos serviços urbanos de táxi. Há muitos outros, entre eles o *Ocado*, que atua nas compras de supermercado — cada um deles fornecendo uma proposta alternativa à norma (que tinha sido definida em tempos pré-recessão) e, geralmente, apenas disponível através da aplicação de tecnologia para uma situação específica. A inovação é simplesmente uma questão de se adotar um novo pensamento a um mercado, uma oferta ou oportunidade já existentes.

Será que essas inovações resistirão ao teste do tempo? Provavelmente; e, no futuro, elas também evoluirão ao acompanhar o aperfeiçoamento das aplicações tecnológicas, enfraquecendo a participação dos operadores existentes que não adotarem a mudança no mesmo ritmo acelerado deles. Pessoalmente, eu não costumo ser um defensor da adoção precoce de uma mudança disruptiva, preferindo deixar isso para os mais versados no assunto. Nesta nova era da Quarta Revolução Industrial, somos um dos primeiros disruptores do mercado e, sempre que nos for possível, ampliamos o nosso serviço digital existente a um público nacional, com um custo baixo e um serviço *online* simplificado. Nossa empresa se chama **SaidSo. co.uk**. Somos uma microempresa reconhecidamente muito dinâmica. Se somos capazes de fazê-lo, por que você não?

Eu não quero dizer com isso que você tenha de abalar toda a estrutura de sua indústria ou profissão apenas por esporte. Mais importante, eu não estou sugerindo que você descarte o negócio que exigiu de você tantas lutas para ser criado, apenas que o reinvente *online*. É muito mais sutil do que isso. Mas se puder, no mínimo esteja preparado para enfrentar um novo concorrente que provavelmente já está trabalhando em um modelo digital capaz de ser distribuído ao nível nacional, com um grande alcance geográfico, a um custo menor e com margens de lucro mais altas. Você está pronto?

Tampouco estou defendendo que faça um *upgrade* nos sistemas de *E-commerce* existentes na sua empresa. O *E-commerce* não tem nada de novo, embora suas modalidades (tais como os sistemas *touchpay* — que permitem pagamento via iPhone —, onde estejam disponíveis) tenham mudado. O que *estou* recomendando é que você reúna toda a experiência e criatividade acumuladas durante o desenvolvimento do seu negócio e as envie de volta ao ponto de partida. Faça-o sozinho, ou na companhia de pessoas confiáveis que compartilham de sua paixão, para renovar-se, pesquisar e desenvolver a sua empresa ainda mais.

Sem respeito

Novos concorrentes poderão surgir de lugares óbvios: da profissão, do comércio ou da indústria existentes. Não tenha dúvidas de que *alguém* (possivelmente um participante não conhecido) que possua os canais de distribuição e possa enxergar um caminho para o lucro no curto ou médio prazo o fará. A Internet e a tecnologia não respeitam fronteiras como a experiência. Na verdade, aqueles que mantêm a capacidade de distribuição por meio de redes físicas, ou até mesmo da comunicação social, das telecomunicações e afins, podem ser capazes de entrar no mercado simplesmente porque têm mais acesso a usuários e a Internet lhes oferece um ponto de entrada de baixo custo para uma solução *online*.

Opções de disrupção

Alguns colegas e eu dirigimos uma pequena empresa de planejamento financeiro, que oferece um modelo de aconselhamento face a face tradicional com base em honorários, cujas instalações estão na principal rua da cidade. Os preços dos serviços são convencionais, mas têm suas limitações, pois a maioria dos negócios é realizada num raio de 50 quilômetros. Em 2007, nós mudamos o modelo de cobrança de nossos serviços: de *comissão*, passou a ser baseado numa *taxa,* pois acreditávamos que a primeira iria desaparecer, e isso provou ser um lance de estabilização para os fluxos de renda do nosso negócio. Além disso, na época e até certo ponto, também mostrou ser um ponto-chave de venda em si, embora cerca de cinco anos mais tarde, com a mudança na legislação, todos os nossos concorrentes tivessem sido obrigados a migrar para este modelo.

Eu adoraria poder afirmar que se tratava de um argumento único de venda (USP – sigla em inglês do *unique selling point*) —, no entanto, alguns dos nossos concorrentes também tinham dado o mesmo salto para este território novo. Ao alterarmos precocemente o nosso modelo de cobrança, deixamos a concorrência em desvantagem e ao mesmo tempo adquirimos mais cedo a experiência com um novo sistema, mais transparente, preferido pelos nossos clientes, como constatamos depois. Na época não foi fácil. Em muitas ocasiões, nós da equipe de gestão chegamos a questionar a nossa lógica. No entanto, apoiados pelo plano acordado, foi possível manter-nos durante a profunda recessão econômica que logo emergiu, já que dependíamos dos serviços e não das vendas e da comissão inicial.

Existem algumas limitações nessa proposta tradicional de oferecer serviços a partir de um ponto estabelecido, em uma rua comercial importante. Como exemplo, você pode imaginar que o modelo atrai principalmente pessoas locais, geralmente do próprio bairro ou cidade.

Além disso, tende a atrair clientes de uma faixa etária mais madura, que preferem utilizar os nossos serviços através de um contato direto. Por "mais madura" eu me refiro a pessoas que têm mais de 55 anos que preferem evitar transações na Internet quando se trata de seu próprio dinheiro. Esta é uma declaração radical e eu sei que vai provocar o desprezo dos leitores que estão no mesmo grupo etário, mas fazendo todo o seu planejamento financeiro *online*. É uma daquelas ocasiões em que eu ficaria muito feliz se alguém provasse que estou errado!

No entanto, na nossa experiência, constatamos que a tendência de pessoas com menos de 40 anos de idade é a de evitar ou simplesmente não fazer consultas diretas, por preferirem muitas vezes realizar as próprias pesquisas ou usar alternativas *online*.

Para atrair utilizadores adicionais do mercado, alguns dos nossos concorrentes estão avaliando (e em alguns casos já executando) serviços *online* através dos seguintes formatos:

- Entrevista e aconselhamento via Skype;

- Entrevista e aconselhamento via videoconferência;

- *Robo-Advice* ou robô consultor (em que efetivamente não há nenhuma interação humana, apenas algoritmos que fornecem uma solução computadorizada para as necessidades de um cliente);

- Aconselhamento financeiro *online* (uma combinação entre entrada digital, assessoria humana e rendimentos digitais). Nós carinhosamente chamamos essa alternativa de "aconselhamento remoto *online*", ou abreviando, "aconselhamento ROMO", usando tanto recursos humanos quanto tecnologia; (Veja www. Saidso.co.uk)

- Uma mistura dos formatos acima.

Você pode notar a partir destes exemplos que cada oferta do mercado fornece o mesmo resultado eficaz; só os meios utilizados diferem. E o que funciona melhor? Ninguém sabe ainda, mas cada um desenvolverá a sua própria proposta à medida que o público utilizar o serviço, aprovando-o ou não. É o público que vai decidir.

Além disso, você deve conhecer as alternativas utilizadas no exterior, e o que tem funcionado, ou não, na sua própria empresa. Ao fazê-lo, olhe primeiro para os EUA, onde a transição para a integração de tecnologia na maioria das áreas já está bem avançada. No entanto, este não é sempre o caso; muitas empresas do Reino Unido e da Europa estão liderando o caminho em seu campo. Um exemplo claro disso é a construção de comunicações globais 5G em Surrey. Quanto ao Brasil, ele faz parte do grupo de países que participará ativamente do desenvolvimento mundial do 5G, o que não vai prejudicar a implementação do 4G, que anda bastante atrasada no país.

É surpreendente constatar que existam diferentes ideias em relação ao caminho para atingir novos mercados... e o futuro... e você tem a capacidade de aplicar os mesmos princípios já utilizados no seu negócio atual. Eu espero que se sinta inspirado com essa perspectiva, ao invés de ficar cansado só de pensar nela. Chacoalhar o modelo existente para ver quais as oportunidades que lhe vão cair em cima sempre vale a pena. Falei com muitos empresários que descobriram uma nova linha de negócio rentável, que inicialmente era apenas parte da execução de um contrato. Eles foram pesquisando esta nova área e, em seguida, ofereceram-na para outras empresas e usuários como um serviço comercial, para estender o novo objetivo de lucro. A linha ou oportunidade nova eram um subproduto do conceito original.

Conheci uma empresa que, para ganhar um determinado contrato, teve de aceitar mercadorias semiacabadas. Após recebê-las, embalou-as e o produto final foi distribuído para os consumidores. Para realizar essa tarefa, foi necessário investir em uma infraestrutura. No entanto, em seguida, os dados retirados da informação de gestão indicaram que o elemento "embalagem" do programa foi mais rentável do que o resto do contrato, que normalmente teria sido o objetivo central do negócio. Agora essa empresa procura ativamente oportunidades de embalagem para agregar valor ao seu negócio principal.

Você poderia contestar, e com razão, que não se trata de inovação, mas de uma viagem para descobrir o quanto a infraestrutura disponível pode trazer receitas. No entanto, não se deve ignorar a possibilidade de ocupar um espaço jamais ocupado, através da disrupção do pensamento-padrão, na forma de executar o trabalho, retirando daí rentabilidade, para depois adotar este novo fluxo de receita.

É importante ressaltar que a atitude positiva do *"vamos aceitar este trabalho"* apresentada neste exemplo é a prova da curva da mudança para esse efeito.

Recentemente, o jornal *The Sunday Times* (2016) citou o comentário de Mark Fields, presidente da Ford americana, a respeito de carros automatizados: *"Todo mundo está falando que Silicon Valley está perturbando (disrupting) o mercado automobilístico. Vamos nos perturbar (disrupt)."*

Então, se você, seja em que ramo estiver, pudesse perturbar a sua própria empresa, disponibilizando sua oferta *online* e à distância ao usuário final, *qual* o formato que preferiria usar, receber ou oferecer? Lembre-se de que, até certo ponto, você poderá estar competindo consigo mesmo. Assim, para começar, mantenha (como fizemos) a nova entidade separada de sua marca principal. Eu acho que seria bom rever os atributos da empresa já existente, seus principais pontos de venda — que agora já não devem ser únicos — e aqueles que fizeram com que você começasse o seu negócio em primeiro lugar.

Quando foi a última vez que você revisitou as vigas fundamentais que edificaram o seu negócio para verificar se elas ainda têm condição de sustentar a sua empresa nesse mundo muito mais interconectado em que vivemos agora?

Infância

Em torno de uma década atrás, o Twitter tinha sido recém-lançado e o Facebook estava começando a se tornar popular. É surpreendente perceber como estas propostas de mídia social mudaram o mundo para milhões de pessoas, para sempre. Eventos em todo o planeta são *tuitados* instantaneamente, muitas vezes antes que a imprensa possa ter acesso a eles, detalhando cada ação concebível. Compreendo que algumas pessoas odeiem essa situação — e isso é com elas — mas esse *é* o futuro.

A conectividade de celulares está sendo aperfeiçoada com as telecomunicações 4G; as 5G também estão sendo desenvolvidas e construídas para serem lançadas dentro de alguns anos, tornando-nos muito mais próximos uns dos outros. Enquanto digito estas palavras, uso no pulso um exemplar de tecnologia *wearable*, ou vestível, e estes avanços só vão cessar quando a mente humana chegar ao limite de novas formas de pensar... o que não ocorrerá em breve.

Além do mais, eu acho que nós ainda nem começamos! O mundo mudou drasticamente na última década, tanto no que se prende com tecnologia, e sua respectiva distribuição e inovação, quanto na visão de negócios. Quanto ao Brasil, além disso, de acordo com o nosso atual Ministro das Finanças, Henrique Meirelles, tem enfrentado a mais profunda recessão desde 1901. E agora que já conseguimos ver uma luzinha no fim do túnel com a primeira queda dos juros em quatro anos e com a inflação em desaceleração, você está aí firme e forte tentando inovar a sua empresa.

Mas, assim como a mídia social, você ultrapassou a fase de infância e agora é hora de seguir ao longo dos anos difíceis de crescimento. Estou certo de que a fase de planejamento teve de ser ampliada em virtude da última recessão e de seus desafios. Mas agora é a hora de mudar, sendo necessário planejar antes de mais nada.

Vamos visitar a rua principal mais próxima?

Que tal se examinarmos juntos um potencial de mudança? Imagino um lugar que todos nós conhecemos, o qual a maioria de nós já frequentou regularmente e que já é considerado como dado adquirido. Trata-se da rua principal, com seus bares, lojas e cafés, agências de viagens e imobiliárias, todos prontos para atendê-lo assim que notam a sua presença.

Normalmente movimentada, em especial nos fins de semana, já chegaram a dizer que o seu futuro estava condenado por causa do comércio *online*. Há cerca de três anos, em meu último livro, *Manual do Empresário, A Recessão Acabou*, analisei essa questão. Cheguei à conclusão de que a loja "real" sobreviverá, mas, para continuar sendo uma parte importante de nossas vidas, terá de evoluir de forma significativa. Observei o crescimento do modelo *"brick and click"* (que combina o comércio tradicional com o interativo), aquele em que você visita uma loja, procura as suas ofertas e, em seguida, compra *online*, provavelmente do seu telefone, e a sua compra será entregue diretamente em casa. Não havia nada realmente revolucionário nessas observações, a não ser que, confirmo três anos mais tarde, esta prática se tornou comum.

E o que virá depois? Seguem outros exemplos de mudanças tecnológicas baseadas no consumidor final que vão evoluir ainda mais:

O *showroom* de algumas lojas de automóveis está um pouco menor porque... não há carros nele (ou se houver, há poucos). Telas sensíveis ao toque e conceitos interativos são utilizados para dar a conhecer o automóvel e propor as opções que o seu coração anseia, assim, você faz o *"test drive"* antes de comprar.

A Audi não está sozinha nesse tipo de mudança. A Hyundai introduziu seu conceito comercial *Rockar* em Kent: lojas de varejo sem vendedores, para que, creio eu, haja a mínima "interferência" entre o comprador e o fabricante.

Um varejista que opera em lojas físicas e também *online*, a Argos, suponho, faz a entrega no mesmo dia do pedido. É o primeiro dos grandes varejistas a fazê-lo. Mas não será o último. Não há como ignorar o fato de que as telecomunicações 4G estão se tornando amplamente disponíveis. As lojas já podem instalar *iBeacons* (*beacon* em inglês significa farol) nas vitrines para transmitir mensagens que serão captadas pelo seu telefone inteligente ou tecnologia vestível (relógio, jaqueta, óculos), conforme a sua preferência, anunciando-lhe a promoção especial do dia, ou mesmo, de última hora, e solicitando a sua visita. Esta promoção pode significar um desconto no preço, digamos, de 10%, ou o oferecimento de um *muffin* e um cafezinho. Essa prática, por enquanto, não é difundida no Reino Unido nem no Brasil, mas é uma questão de tempo. Muitos centros comerciais estão oferecendo Wi-Fi em toda a sua área para manter o número de visitantes, porque já é considerado normal e não um luxo.

O conceito de óculos tecnológicos me agradou. Eu havia planejado comprá-los, mas não deu tempo, pois as vendas foram repentinamente suspensas pelos fabricantes. Analisando essa decisão, ela não ocorreu porque o produto não fosse bom. Parece que era. Mas não era *ótimo*. E devido a essa limitação, foi tomada uma resolução mais radical — a de retirá-lo do mercado, pelo menos por enquanto. Não tenho dúvidas de que esse dispositivo, misto de comunicação e conectividade, voltará a ser comercializado, e eu estou ansioso por isso.

Um sistema de comunicação remota SIM (*subscriber identity module*: módulo de identificação do assinante) em breve será instalado em cada produto eletrônico que você comprar e poderá ser integrado ao seu comunicador pessoal. Assim, de onde você estiver, poderá controlar todos os equipamentos de sua casa: ligar o aquecimento ou o ar condicionado, ver o que há na geladeira para acompanhar o lanche que tomará mais tarde, e, claro, pré-aquecer o forno, para que quando você chegar tudo já esteja definido e perfeitamente preparado.

Eu entendo que os mercados de cartões pessoais SIM e de telefones inteligentes estão atingindo o ponto de saturação. O *site* Androidauthority.com exemplifica bem esta situação com relação ao mercado chinês em maio de 2015. Isso não significa que a experiência do consumidor não possa ser melhorada. No entanto, como a maioria de nós já possui dois ou três SIM — como no telefone, *tablet* e em outros dispositivos — o benefício em obtermos mais um é provavelmente limitado. Mas isso não impede que acionemos os nossos equipamentos domésticos através dos meios de comunicação SIM para que possamos controlá-los remotamente a partir do nosso telefone celular. A margem para este crescimento é enorme.

A Nokia observa no documento *FutureWorks 5G use cases and requirements* (2014) (em traducão livre: *Trabalhos Futuros em 5G, exemplos de uso e necessidades*) o seguinte:

Os dados serão um dos principais motores do 5G. Dentre os novos elementos desse sistema, não constará nenhum serviço específico de voz — no padrão 5G, espera-se que a voz seja tratada como um aplicativo, usando simplesmente a conectividade de dados fornecidos pelo sistema de comunicação. Os dados estão crescendo entre 25% a 50% ao ano, tendência esta que se prevê continuar até 2030.

Você poderia aproveitar esse crescimento para estimular o interesse em relação ao seu produto?

As telecomunicações 5G serão um salto quântico para o futuro. Pergunto-me se a geração 4G será o parente pobre das implementações de dados, já que muitos usuários de telecomunicações 3G possivelmente passarão direto para as 5G. E será que a iniciativa 5G recriará o que já temos em nossos telefones, como por exemplo, os aplicativos? O aspecto que eu acho interessante com relação à possível morte do App é que os seus criadores e produtores não permitirão que isso aconteça. Eles vão simplesmente adaptar-se e provocar uma disrupção, de modo a aumentar a relevância de seus produtos numa indústria altamente evolutiva.

Então, o que isso significa para a o comércio tradicional?

Ninguém pode afirmar com certeza, mas existe a tendência de que armazéns deixem de ser necessários; por exemplo, se as lojas passarem a ocupar espaços cada vez menores, já não exigirão instalações "reais", mas meras fachadas. Grandes sensores (*scanners*) podem agora tomar e registrar as medidas de seu corpo em toda a sua extensão, o que é perfeito para obter o tamanho e o modelo ideal para suas necessidades. Imaginem: lojas que mantém seus dados e tamanhos. Você cria as suas necessidades de vestuário a partir da gama de produtos que a loja oferece, enquanto uma tela mostra como a roupa lhe cai e, quem sabe, como você vai se sentir nela. E você foi atraído pela loja através de uma promoção do *iBeacon*! Obviamente, não haverá a necessidade de sair da loja com as compras na mão, uma vez que estas lhe serão entregues em casa depois de ter realizado o pagamento através do seu telefone.

Na loja ao lado, onde costumava ser uma loja de celulares, está um novo *showroom* de automóveis. A tentação de testar o modelo esportivo mais recente é irresistível, em especial porque não há vendedores. O carro é certamente compatível com o seu telefone, não só para realizar chamadas; este também conhece o seu estilo de dirigir e as suas preferências, que serão provavelmente testadas para que você possa verificar se tudo se ajusta na perfeição.

No caso de você se atrapalhar, existe um funcionário disponível, em detrimento de uma equipe de vendas completa. Obviamente, não há transações financeiras: o assistente aceita as opções "*touchpay*" no *tablet* dele enquanto percorre o estabelecimento. Não há mais as tradicionais caixas registradoras; embora a opção de pagar via *Bitcoin* ainda não tenha ganhado força. No entanto, você pode pagar em qualquer moeda, basta acessar com o seu *"touch phone"* os sistemas bancários biométricos de segurança. Você pode até pagar em euros, mesmo após a saída negociada da Grã-Bretanha da União Europeia, decorrente do resultado apertado no chocante *Referendum* de 2016. É verdade que as previsões para a *tecnologia financeira*, ou abreviando *"finTech"*, são infinitas. As possibilidades são infinitas também.

O almoxarifado e o refeitório do pessoal costumavam ser nos fundos da loja. Agora essa área foi dividida, vendida e transformada em área residencial. Quem não está muito satisfeito com essas mudanças são as entidades governamentais, pois viram sua receita cair em virtude da perda de demanda por este imóvel nobre.

Estacionar é bem mais fácil do que costumava ser. Com a disponibilidade de espaço e a possibilidade de se reservar pelo telefone, nunca foi tão fácil estacionar perto de onde se deseja estar, ou mesmo para recarregar as baterias do carro enquanto se está na cidade.

Você está sonhando acordado com o que poderá se tornar em breve realidade? Mas tudo é possível.

O meu ponto aqui é que não há limites para o que poderá ser alcançado, sem alterar seriamente o ponto principal — neste caso, o "ir às compras". As únicas limitações são a tecnologia e o pensamento humano. Haverá um momento em que as impressoras 3D serão ultrapassadas pelas 4D? Qual será a quarta dimensão? O tempo, talvez, mas vamos aguardar para ver.

Ao invés dos serviços *"click and collect"* (através do qual os consumidores podem comprar *online* e recolher as mercadorias na loja) ou *"brick and click"*, será que um dia você irá a um centro comercial e "clicar e imprimir" o seu produto na hora? Ou você poderá comprar *online*, através do seu PC (se este ainda existir) ou telefone, e o produto escolhido será impresso em casa mesmo? Inverosímil? Talvez as despensas das casas sejam transformadas em salas de impressão, onde todos os mantimentos serão fabricados na hora, e entregues ainda quentes, de acordo com as instruções que você der pelo telefone.

O futuro dos Apps... ou Wapps?

Sei que, quando olho para o meu celular ou *tablet*, existem muitos aplicativos instalados que ocupam muito espaço. Tenho de fato várias telas cheias. E sim, sei que é possível agrupá-los, mas se o fizer, acho que vou esquecê-los! Talvez isso aconteça porque estes não me envolveram o suficiente logo no início, pois em geral são selecionados de acordo com os assuntos e as classificações por estrelas obtidas pelas avaliações e opiniões de outros usuários. Muitos deles foram baixados meses ou mesmo anos atrás, no pressuposto de que viriam a ser úteis, mas foram usados apenas uma vez. E como é normal, eu nunca tive o trabalho de os desinstalar.

Será este o início da sobrecarga dos dados pessoais? Se eu visitar agora a Apple Store ou o Google Play serei bombardeado por novos aplicativos, muitos dos quais fazem supostamente as mesmas coisas, apenas em uma nova versão. Fui persuadido a baixar um novo — apenas para encontrar um melhor alguns meses mais tarde; assim, logo o meu aparelho estará entulhado de aplicativos inúteis! Isso é progresso?

Eu compreendo a motivação de *marketing* de longo prazo para os aplicativos nas lojas oficiais, pois estes nos tornam dependentes de suas marcas. A fidelidade à marca é vital para o sucesso do negócio no futuro. Para mim, alguns dos jogos e seus gráficos cada vez melhores (tanto em relação aos jogos quanto aos seus dispositivos) são ótimos para passar o tempo na estação enquanto espero o trem chegar.

A transição de uma proposta de negócio para o formato de aplicativo acrescenta muitas complicações, mas também oportunidades, uma vez que gera um envolvimento mais longo com o usuário final e fidelidade à marca. Dito isto, tenho me esforçado para compreender porquê eu deveria transformar "SaidSo", o nosso *site* de aconselhamento financeiro *online*, em um aplicativo. Enquanto o nosso projeto avançava, o *site* foi criado para que fosse compatível com telefones celulares, para se adaptar à preferência dos *sites* do Google, em função da otimização do seu motor de busca. Prezamos o fato de o Google mudar as posições que os *sites* ocupam regularmente, e isso é o que o mantém fresco... e na vanguarda! Acreditamos que qualquer aplicativo do SaidSo.co.uk estaria perdido entre tantos aplicativos. E se você estiver tentando inserir dados financeiros, certamente vai precisar de uma tela maior (provavelmente não recomendamos um espaço lotado) do que aquela disponível no seu relógio ou na sua tecnologia vestível.

Como a maioria dos aplicativos tecnológicos ainda está na sua gênese, este mundo será abalado em breve graças ao Google, que já começou a analisar a forma de causar uma disrupção no mercado dos aplicativos com o seu novo modelo de aplicativo de *streaming*: o Wapp. Essa facilidade do Google ainda está em fase de construção e seu lançamento está previsto para os próximos anos. Este deverá permitir que o usuário visualize o conteúdo de um aplicativo sem o ter instalado em seu dispositivo; mas o conteúdo acessado pelo navegador será visto e sentido como se fosse um aplicativo.

Isso sugere uma solução para os problemas de compatibilidade entre os diferentes tipos de aplicativos. Alguns dos modelos de telefones mais recentes usam a tecnologia *Bluetooth* de baixa frequência de transmissão. Assim, existe o risco de o aplicativo do seu professor de *fitness*, por exemplo, não se conectar com o seu telefone celular. Como você pode notar, há muito espaço para a inovação e disrupção.

Como os aplicativos da mídia social parecem ser os preferidos por uma parcela significativa de usuários, a forma de acesso à informação está em constante mudança, pelo menos por enquanto. Portanto, se a utilização de um aplicativo puder evoluir e se adaptar ainda mais à tecnologia vestível, entre outras, seu futuro pode ser mais brilhante do que inicialmente se pensava. Essa nova oportunidade pode atrair-nos para o mercado *online* da nossa atual proposta de negócio, especialmente para fortalecer o nosso conhecimento em relação à marca e à fidelidade. Só o tempo dirá se os aplicativos sobreviverão no seu formato atual ou se passaremos a navegar em "Wapps".

O desafio para a indústria dos aplicativos é emocionante porque há sempre a necessidade de inovar.

Ferramentas do comércio

Uma instituição que possui ferramentas capazes de influenciar os resultados no futuro é o Banco da Inglaterra.

Uma delas, bem óbvia por sinal, são as taxas de juros. As pessoas podem estar cientes de suas mudanças: ora empurrando para cima ou para baixo o custo da hipoteca de suas casas, ora transformando os juros de poupança em negativos ou positivos, mas não conseguem ter a percepção do que elas são de verdade: uma ferramenta que controla *os seus gastos pessoais*. Todos os meses (por enquanto, pois está prestes a ser reduzido a oito vezes por ano) o noticiário relata as intenções do Banco em relação à economia do Reino Unido no contexto da economia global, e por que este (normalmente) decide mexer ou não nos juros de acordo. Quanto ao Brasil, essa divulgação ocorre oito vezes por ano e é feita pelo Comitê de Política Monetária do Banco Central do Brasil (Copom). Na última reunião que antecedeu a elaboração desse livro, o Comitê decidiu manter os juros básicos da economia em 14,25% ao ano — o maior em quase dez anos. Felizmente, enquanto este livro era finalizado, a taxa de juros caiu pela primeira vez em quatro anos, passando a 14%.

Voltando ao Reino Unido, o Banco da Inglaterra tem uma variedade de ferramentas, umas menos evidentes do que outras. Uma que tem sido prevalente desde a crise econômica de 2008 é a de flexibilização quantitativa. O Banco Central do Brasil também pode implementá-la.

A descrição moderna da flexibilização quantitativa é a seguinte:

"Uma forma pouco convencional de política monetária em que um banco central cria dinheiro novo eletronicamente para comprar ativos financeiros, como títulos do governo. Este processo visa aumentar diretamente os gastos do setor privado na economia e reverter a meta da inflação."

Seja qual for a ferramenta que o Banco da Inglaterra escolher, o resultado real das suas aplicações leva tempo. Normalmente, só depois de decorridos cerca de dois anos, os efeitos das mudanças políticas podem ser sentidos na economia e no aspecto econômico que o governador e a sua comissão visaram beneficiar. O conceito de controlar através da economia o fluxo de dinheiro e o mercado não é nada novo.

"O dinheiro é, acima de tudo, um dispositivo sutil para ligar o presente ao futuro."

John Maynard Keynes, *Hopes Betrayed* 1883-1920 (em tradução livre, *Esperanças Traídas*)

Além disso, seu colega Alfred Marshall, ao tratar da valorização do ouro e da prata em 1887, explicou:

"Repercutiria imediatamente na rua Lombard (o coração do distrito financeiro de Londres) *e faria com que as pessoas emprestassem mais; incharia depósitos e créditos e assim permitiria que elas especulassem mais com capital emprestado; aumentaria, portanto, a demanda por* commodities *e assim aumentaria os preços...*

Isso teria o efeito final de adicionar volume de moeda necessário para a circulação, como eu penso, porque ao subirem os preços, uma pessoa que precisasse de £ 17 em dinheiro no bolso para honrar seus compromissos precisaria agora de £ 18 ou de £ 19; e assim por diante para os outros..."

Nós já observamos neste livro que às vezes a resposta está mesmo à sua frente. É irônico que após Marshall ter vivido durante um período significativo de flexibilização quantitativa da moeda em todas as nações desenvolvidas, refira-se a um processo similar da Comissão Real, quando relaciona a quantidade disponibilizada de ouro com a redução do valor da moeda em causa. Com este princípio histórico observado, gostaria de saber se esse texto será citado daqui a cem anos, mas mencionando o *Bitcoin* ou algum outro estilo de moeda eletrônica, e vibrando com a moeda desatualizada do início do século XXI: o dinheiro. O veículo monetário mudou, mas não o conceito. Com a introdução das notas de plástico no Reino Unido em 2016, o dinheiro real pode durar mais um pouco.

Timing e separação

O tempo de latência é um fator importante para o pensamento inovador. Se for excessivamente lento, você pode ficar ultrapassado; se for rápido demais, o público talvez não esteja pronto para dar o próximo passo e aceitar o que você está propondo. Nós certamente tivemos essa experiência há uma década no mercado de aconselhamento financeiro de varejo *online* do Reino Unido. O *timing* não estava certo: era cedo demais, e o público não estava preparado, pois a confiança na Internet ainda iria crescer ao longo dos anos seguintes, e a nossa oferta de produtos foi um fracasso. É ótimo escrever a palavra "fracasso", não por causa da palavra em si — mas, em retrospectiva, estou feliz que o medo de falhar novamente não nos tenha impedido de continuar e, claro, de aprender.

Da inovação vem o a *evolução* e o *desenvolvimento*, o que proporciona *experiência*, que cria então o *produto*, e assim por diante. Deve haver o elemento *timing* de mercado para o fornecimento do serviço, e uma pesquisa sobre seu usuário final pode sugerir o calendário adequado, com um plano de *marketing* apropriado. É importante controlar qualquer intervalo de tempo e os elementos-chave do seu projeto para atingir os objetivos planejados nas fases de pré-lançamento, lançamento e crescimento. Você incutirá curiosidade em seus concorrentes, mas fique continuamente alerta às replicas deles. Estas podem trazer-lhe algumas ideias "úteis", mas tenha cuidado para não as plagiar.

Continuamos a pensar que ainda é cedo para que o público do Reino Unido se envolva com o nosso conceito *online* total e naturalmente. No entanto, acreditamos que a hora está chegando, e, enquanto isso, a nossa marca está ganhando profundidade e reconhecimento. Aconteça o que acontecer, como sugerimos anteriormente, você precisa estar no jogo e é tudo uma questão de *timing*.

Graus de separação

As primeiras tentativas de lançarmos o nosso novo conceito resultaram em fracassos que foram valiosos para o nosso aprendizado e para a nossa marca. O que funcionava, ou não, o que agregava valor ao usuário final, e o que simplesmente era uma tarefa que deveria ser realizada? O processo de alterar um pequeno detalhe que cria um resultado completamente diferente é vital. Quase é a mesma coisa que nada, mas um pequeno nada pode fazer a diferença.

Não olhe só para ambos os lados, olhe para todos

Não subestime a sua atenção aos detalhes; o consumidor final certamente não o fará. Os recursos visuais, a grafia, os gráficos, a qualidade, a conectividade, todos têm de estar alinhados com a filosofia do produto. Se este nível de minúcias não for o seu forte, delegue a alguém que aprecia os detalhes para substituí-lo. Em cada encruzilhada de criatividade não basta olhar para os dois lados, olhe para todos. Se você tivesse que mudar a direção de um elemento, o resultado seria melhor? Se você não sabe, produza dois, três, dez modelos e, em seguida, tire o que for melhor de cada um para criar *a* versão desejada e que represente a maravilhosa disrupção que pretende exibir.

Foi exatamente isso que fizemos durante um período de tempo e só me cabe defender o valor dessa estratégia. É como vagar por um armário de ideias, visível somente pela equipe, e escolher apenas o pensamento de maior qualidade para adicionar à sua receita.

Os regulamentos controlam a verdadeira inovação, mesmo o progresso?

Recentemente, realizei uma operação comercial com uma empresa de serviços financeiros utilizando um serviço novo — inovador para eles. No geral, a experiência foi um passo à frente, mas o processo pareceu-nos árduo demais. A videoconferência foi realizada em uma filial deles, porque não lhes foi possível realizá-la em outro lugar compatível, e foi malfeita. A realização do evento foi confirmada por uma mensagem de texto.

Foi interessante passar por uma experiência de consumidor final (contato direto com o cliente). No entanto, enquanto o processo se arrastava, e eu assinalava a lista das tarefas que iam sendo realizadas, comecei a questionar quem se beneficiaria com isso. Sendo um veterano da indústria, eu conseguia ver o que estava sendo alcançado. Tinha o desejo de obter o produto final, mas também sentia que o processo não era para mim, nem mesmo para eles, mas estávamos todos lá porque este era um requisito obrigatório para a regulamentação de nossa atividade, antes que tomássemos qualquer iniciativa. Se eu precisasse e solicitasse com antecedência, tinha disponível um membro da equipe para me imprimir documentos na impressora que estava na sala, e um *scanner* para me fornecer *cópias.*

Eu certamente me senti "enquadrado" num sentido normativo, mas de nenhuma maneira envolvido. Esta foi a primeira das três fases; todas aconteceram na filial, e duravam cerca de 45 minutos. Se eu não me sentisse tão seguro em utilizar a Internet, porém, eu poderia ter encontrado esta abordagem mais reconfortante, especialmente por lidar com dinheiro. Isso me parece um desafio ao pressuposto de que todos se sentem à vontade em divulgar *online* e à distância qualquer informação confidencial. Eu acredito que isto esteja a caminho; do contrário, não teríamos inovado. No entanto, pode haver uma "defasagem" humana entre o desenvolvimento da tecnologia e a intenção de o usuário final usar essas novas instalações.

Como um ponto adicional, que contradiz levemente as minhas últimas observações, temos tido experiência com o poder do "gratuito". Introduzimos uma instalação gratuita de *download* na nossa nova proposta de serviço, e as informações pessoais fornecidas para obter essa oferta gratuita têm sido reveladoras.

Nas seções de videoconferência, você pode imaginar que a velocidade, a conveniência para o consumidor final ou a verdadeira inovação não contavam muito. Na realidade, era uma tecnologia já ultrapassada que estava sendo implementada para aumentar a distribuição a baixo custo.

Além disso, vigoraria por um período de tempo limitado. Foi esse aspecto que me fez sentir que tais mudanças realizadas por uma empresa cuja marca era conhecida representavam uma inovação de fato. Mas mesmo assim, tinha um desenvolvimento lento e já estava obsoleta.

Não posso dizer que eu me sentisse inspirado! Quando participamos de um concurso, nós já tínhamos sido concorrentes desta mesma organização — e agora entendemos por que eles não venceram o prêmio.

Como sugerido antes, ninguém tem uma única resposta perfeita. "A resposta" é provavelmente uma combinação de muitas; é apenas uma questão de saber qual delas é a correta. A minha maior preocupação era, nesse caso, a interferência e o valor real limitado da regulamentação. Nenhum conselho foi dado na primeira reunião, que era, na verdade, um processo de reconhecimento de fatos. Então, por que foi tão longo e complicado? Um regulamento! Comentei este assunto com algumas autoridades reguladoras e eles observaram que há um elemento em novas propostas que parece satisfazê-los, ao invés de fazer o que é melhor para um cliente ou consumidor final. A principal mensagem que recebi naquele dia foi: *o envolvimento com o usuário final no processo de inovação é fundamental para o sucesso.*

Isso me faz lembrar de uma empresa para a qual uma vez trabalhei, cujo maior foco quanto ao serviço que prestava era o de se proteger do cliente e do regulador. Seus valores e até mesmo os objetivos das propostas que ofereciam refletiam a forma inflexível com que lidavam com os seus clientes. Como você pode imaginar, não era o tipo de empregador com o qual eu poderia ter ficado muito tempo.

Assim, não deve surpreender que em fevereiro de 2016 a Secretaria Nacional de Estatística (*Office of National Statistics*) tenha anunciado que a produtividade no setor de serviços financeiros da Grã-Bretanha vem diminuindo significativamente desde 2009.

O nível de produtividade dos serviços financeiros no Reino Unido, considerando as horas trabalhadas, foi superior ao da Alemanha, dos Estados Unidos, da Itália e França entre 2005 e 2009. Isso mudou depois de 2009, demonstrando que há uma tendência de reversão no setor, e a produtividade do Reino Unido agora está apenas um pouco à frente da Alemanha e atrás da França, Itália e, claro, dos Estados Unidos. Na minha opinião é uma grande pena, especialmente pelo fato de Londres ter sido sempre uma importante capital financeira.

A inovação e a disrupção de modelos existentes é, no meu ponto de vista, a única via real para tornar os serviços e o aconselhamento financeiros (juntamente com muitas outras áreas comerciais fortemente regulamentadas no Reino Unido) acessíveis, estimulantes e interessantes para o público em geral. Este ainda não está envolvido, e eu prevejo que vai acabar se arrependendo por isso.

É quase uma questão de: "*Se fosse você, compraria?*" Se você fosse, por necessidade ou curiosidade, o *target* do produto ou serviço para o qual está trabalhando, deixando a parcialidade de lado, aceitaria a nova proposta que está oferecendo? Se sim, por quê? Se não, por que não — e o que você mudaria?

Prêmios da indústria para a inovação: será que valem a pena?

À época do lançamento do nosso *site* inovador, entramos em alguns concursos, a fim de testar pareceres de outros especialistas em relação à nossa nova oferta. No primeiro ano, ao longo de 2015, fomos finalistas em cinco prêmios e... vencemos três! Ficamos encantados, em particular porque conquistamos um dos prêmios tendo empresas multinacionais como concorrentes. Foi ótimo para o perfil da nossa empresa, pois ampliou nosso alcance em mídias sociais, houve uma grande divulgação na imprensa e o prêmio consta na primeira página do nosso *site*. Nós pensamos que valeu a pena o trabalho extra pois para nós era parte do processo de desenvolvimento que estava em andamento. Até mesmo ficar entre os finalistas é uma "vitória", porque ela é publicada na mídia especializada em negócios.

Acreditamos que o fator mais importante de participar em concursos seja melhorar nosso perfil em relação aos possíveis "pretendentes", ou prováveis compradores, que são nossos competidores em eventos de premiação. Se você os perturbar o suficiente, eventualmente, eles o procurarão. O analista das visitas de nosso *website* demonstra que, posteriormente aos prêmios, grandes corporações demonstraram interesse em nossas inovações. Achamos que isso vale a pena pois gera interesse adicional e o potencial para, no futuro, vendermos o nosso negócio, mas mantendo a nossa empresa principal.

Apesar do tempo investido para se inscrever nos concursos e realizar as pesquisas necessárias, além dos custos de participação, nós recomendamos esta iniciativa, pois a consideramos bem interessante e uma ótima maneira de aumentar a visibilidade na sua indústria e, potencialmente, até mesmo na imprensa nacional.

Se tiver como objetivo um reconhecimento internacional, procure programas de prêmios que atendam à sua agenda e promovam a sua proposta. Eu acho que é justo afirmar que prêmios são principalmente uma viagem do ego e não oferecem um valor real para o seu negócio ou produto. No entanto, é provável que nada o vá colocar em tão grande evidência; além disso, é improvável que seja prejudicial acrescentar um "vencedor do prêmio" na sua comunicação, nas mídias sociais e nas campanhas publicitárias.

Quando eu estava prestes a terminar de escrever este livro, abri um biscoito da sorte e recebi a seguinte mensagem: "Em algum lugar, algo incrível está esperando para ser conhecido." Você tem a convicção de que a sua nova oferta é incrível, que é apenas uma questão de *ser conhecida*? e possivelmente o mais importante: *Ela é conhecida pelas pessoas que valem a pena*? Se você quiser aumentar a sua visibilidade junto das empresas certas, estas podem se tornar pretendentes: descubra quais os prêmios que ganharam no ano passado, encontre uma categoria para o mesmo evento neste ano e certifique-se de que, quando for finalista, estará na mesma sala que eles, com sua nova marca. Eles podem não lhe dizer imediatamente, mas saberão sobre você muito mais rapidamente do que se deixar a natureza seguir o seu curso.

Chega de Mesmice!

Capítulo Quatro: Construção

Construção: *a criação de uma entidade abstrata.*

Como tem sido inspirador este período de desenvolvimento! Agora, pensando bem, tem sido também desafiante, pessoalmente disruptivo e meditativo; mas é o momento de parar.

É hora de começar a construir!

É possível que planeje construir a plataforma para o seu modelo sozinho ou contratando terceiros, que serão geridos por sua equipe, ou ainda, quem sabe, que prefira combinar as duas formas. Se você for terceirizar, antes de iniciar ou compartilhar muita informação sobre os planos gerais e o lançamento, verifique se a documentação em relação ao detentor da propriedade intelectual está clara.

Quaisquer que forem seus planos, assegure-se de que as pessoas que trabalham com você sejam competentes. Isso pode parecer óbvio, mas é necessário saber desde o começo se eles compartilham com você da mesma cultura e também sentem paixão pelo seu sonho. Será que a visão do futuro deles está em sintonia com a sua? Teste-os da forma que quiser, mas se a resposta for negativa, então não se envolva. Sem essas compatibilidades, sua jornada será muito mais difícil e menos agradável.

Você pensa grande o suficiente? Mesmo sendo uma microempresa, se utilizar as novas tecnologias e aderir às inovações, conseguirá competir até mesmo com as maiores corporações. Será que o seu novo conceito lhe permite executar um grande volume e de uma forma eficiente? Mesmo se não constasse em seus planos originais que um concorrente comprasse de você, a sua capacidade de produção é bem maior do que gostaria? Caso tenha sido disruptivo o suficiente e tenha obtido a aprovação dos consumidores finais, será que sua invenção vai simplesmente entrar em colapso em virtude do acúmulo de trabalho, deixando o caos como rastro? Se atualmente consegue deter uma milésima parte do mercado a partir do seu escritório, de sua fábrica, de seu estúdio ou de sua unidade e planejou, por engano, que sua nova proposta através da distribuição pela Internet e pelas mídias sociais detenha 1%, o que aconteceria se seu potencial fosse na verdade 10%? Pense nisso e construa a sua estrutura de acordo.

Paixão ou lucro

Para muitos, os negócios são simplesmente uma questão de fazer dinheiro. Há algum benefício em se pensar que o dinheiro faz o mundo girar. Na minha experiência, no entanto, é a *paixão* que gera a maior parte do lucro. Se a paixão for o seu foco, o dinheiro será uma consequência normal. Quando pensamos em inovação e disrupção para fazer as coisas acontecerem de forma diferente, a paixão tem de vir antes do dinheiro. Claro, seu objetivo ao fazer a alteração pode ser agilizar um processo para melhorar o lucro e o dinheiro disponível. Mas o dinheiro não é o motivador e nunca deveria ser. É a paixão pessoal, o desejo, mesmo a luxúria e energia para fazer a mudança, para provar que é possível. *Sem* esta paixão, o processo de realização do projeto será muito mais difícil. A paixão pode ser extinta rapidamente, junto com os resultados finais que possam ter sido gerados a partir da inovação.

Mais distribuição, mais lucro, menos trabalho! Vá direto ao mercado

Qual é a prioridade em seus planos de negócio? Sua maior preocupação está na qualidade, não no lucro? O posicionamento de sua marca está mais ou menos nivelado pelo lucro que um dia poderia ser alcançado? De certa forma, como nosso negócio principal cresceu, nós estamos começando a conhecer os limites realizáveis pelo seu modelo atual, tanto no que se refere à produção quanto à rentabilidade.

Se pudesse, venderia o seu produto ou serviço por preços baixos para obter uma boa margem de lucro através de um grande volume de trabalho? Ou, em outras palavras, praticaria a estratégia de vendas definida no Capítulo 2: *"The stack-'em-high-and-sell-'em-cheap"*? Talvez esteja preocupado com a perda de qualidade e prefira não correr o risco, tanto nas vendas imediatas e nos custos que o fornecimento extra trará quanto na reputação da marca no longo prazo. É possível que nunca tenha tido a intenção de ser visto como um atacadista no ramo em que atua, e essa sugestão pode ir totalmente contra a reputação que você construiu.

Tivemos a oportunidade de criar uma nova marca, deliberadamente não relacionada com a primeira, tendo valores, ideais e oportunidades diferentes, destinada a atrair um público mais jovem. Nos meus livros anteriores expus o conceito e valor de efetivamente competirmos com nós mesmo e, claro, com nossos concorrentes. Há muitos exemplos de negócios que o fazem, como os fabricantes alemães de automóveis de prestígio que passaram a produzir carros pequenos. O foco principal deles tem sido impulsionado em grande parte pela introdução da União Europeia da regulamentação da legislação referente a emissões de poluentes, que afeta toda a gama de sua marca; com esta alteração legal vem a mudança do negócio, a oportunidade e... o lucro, se a mudança for bem conduzida. Esta situação nova permitiu que os fabricantes competissem e capturassem uma quota do mercado muito maior do que aquela que detinham antes, mantendo também a fidelidade anterior à sua marca.

No entanto, será que esse conceito de mudança de direção poderia se aplicar a você e aos seus planos, não apenas à sua marca? O caso dos fabricantes de automóveis, mencionado no parágrafo anterior, é um bom exemplo de se deslocar diretamente a um mercado diferente enquanto se mantém uma presença local, de modo a criar a possibilidade de exposição nacional ou mesmo internacional e alcançar o cliente.

A principal questão é a velocidade na qual você e seus concorrentes conseguem acessar este alvo, uma vez identificado, de forma rentável. Isso pode exigir um investimento de capital para acessar novos mercados através de canais modernos de distribuição. Você está pronto — assim como o mercado — para isso? Inicialmente, não se sinta pressionado em ir longe demais. Sempre haverá momentos em que sua mente lhe diz para não agir, enquanto a sua intuição está avançando. Minha recomendação é sempre seguir o seu instinto; na maioria das vezes ele está correto. Se você pensar ou sentir que "não", os outros farão o mesmo. Por outro lado, se se sentir agitado, ansioso para dizer "sim", vá em frente!

A resposta não está no passado — olhe para a frente!

A monografia que apresentei no final do curso de graduação em Serviços Financeiros teve como tema o desenvolvimento e fornecimento de um sistema de aconselhamento financeiro *online* no Reino Unido. Eu me formei com louvor em 2007. É interessante refletir sobre esse trabalho; o que para mim na época significava o máximo em sofisticação tecnológica está atualmente muito ultrapassado pela inovação e tecnologia global, especialmente em *"finTech"*, ou tecnologia financeira.

Desfrutando uma dose de nostalgia (porque isso poderia muito bem ter sido escrito um século atrás), eu esperava escolher algum fato fascinante ou conceito do passado que ainda fosse relevante nos dias atuais. Ledo engano: praticamente tudo se transformou em irrelevante nas plataformas de hoje. O ritmo da mudança tem sido fenomenal. Tenho orgulho de ter me envolvido tão cedo, mas nunca devo me esquecer que eu tenho de correr se quiser manter-me atualizado.

Valorizar a receita futura de forma renovada e reforçada

A riqueza se movimenta em ondas por todo o país e no mundo inteiro. Como as marés do oceano, essas "ondas" de riqueza são um pouco previsíveis, mas as tempestades imprevistas indicam que você nunca pode estar certo do que vai acontecer. O mesmo se dá na previsão de mercados futuros; a Demografia, porém, pode nos fornecer alguma orientação. Recentemente, foi noticiado que os recémaposentados no Reino Unido são mais ricos agora do que aqueles que têm menos de 45 anos e continuam trabalhando. No passado, esse não era o caso.

No entanto, com tantas pessoas vivendo mais tempo e desfrutando pensões banhadas a ouro, de certa forma isso poderia ter sido previsto. Essa situação tem de ser avaliada tendo como pano de fundo os baixos reajustes salariais de muitos anos para aqueles que estão atualmente no mercado de trabalho. Estarão as alterações demográficas pertubando a tradição ou criando oportunidades? Tudo é mudança e o que você faz com os dados é o que importa.

Margens espremidas

Generalizando, aqueles identificados como "Geração X" (como costumam ser chamados os nascidos entre 1966 e 1980) são os "espremidos" em termos financeiros. Do ponto de vista geracional, na minha opinião, eles são de um tempo que poderia ser considerado como uma bolha pré-tecnológica; são aqueles que atualmente têm menos de 30 anos de idade (os "*Millennials*") os mais propensos a serem os detentores de riqueza real nas gerações futuras. Isso pode ter uma relevância limitada nos modelos de negócios atuais, apesar de os tempos estarem mudando rapidamente, mas é provável que esta observação demográfica tenha tudo a ver com os modelos de negócios daqui a dez ou quinze anos. Se a sua empresa não se adaptar e evoluir para atender a essa mudança, será que você vai ser obrigado a fechá-la daqui a dez anos?

Um bom exemplo são as previsões referentes à forma como as gerações futuras farão negócios no setor de finanças pessoais, e as oportunidades significativas que estas geram, feitas pela Deloitte Wealth Management em dezembro de 2015 nos Estados Unidos. Fazendo uma projeção de apenas uma década — e dez anos é muito tempo para os serviços financeiros e para o universo da tecnologia — A Deloitte diz que os "robôs consultores" (sistemas baseados em aconselhamento financeiro automatizado e em algoritmos) vão capturar 40% dos ativos que a geração dos *Milennials* investir até 2025. Estes números são poderosos quando se considera a economia na qual as estimativas estão baseadas.

Será que esta oportunidade de mudança lhe dá inspiração para se envolver, ou você acha que ainda resta 60% de espaço para os modelos tradicionais? Haverá lugar para ambos. No entanto, como os conselhos automatizados são, em geral, fornecidos a baixo custo e os presenciais continuam caros, a tendência do mercado é para a automatização. Assim, os dias rentáveis do aconselhamento tradicional podem estar contados.

Planejando o dinheiro

Ter sonhos e tentar concretizá-los é um grande progresso. No entanto, nenhum projeto começa para valer sem dinheiro. Não importa *o quê* deseja construir; se não houver dinheiro, rapidamente perceberá que não chegará a lugar nenhum. Se precisar de apoio financeiro, procure-o — mas certifique-se de que não haverá necessidade de renunciar ao controle apenas para obter fundos. Isso seria um motivo de grande pesar nos anos seguintes, quando o sucesso chegasse.

Como um exemplo pessoal, tivemos de desistir dos lucros para arcar com os custos de desenvolvimento. Devo admitir que não fiquei nada satisfeito com isso, mas foi preciso bancá-los de forma adequada para ficar na vanguarda da inovação dos modelos tradicionais do Reino Unido.

É interessante notar que a maioria dos bancos tradicionais não estão dispostos a fornecer empréstimos para ajudar esses projetos. Eles preferem continuar com as formas de crédito tradicionais para proteger o próprio capital. Míopes? Sim, especialmente com relação ao crescimento de pequenos bancos onde basta ter um aplicativo para se abrir uma conta digital (*challenger banks*), a empréstimos *peer-to-peer* (empréstimos financiados por pessoas) e ao *crowdfunding*. Note que esses meios de financiamento têm tido muita procura no Brasil.

Seja qual for a sua estratégia, certifique-se de ter acesso a financiamento em todas as etapas do projeto: no lançamento, na manutenção, no custeio do desenvolvimento, após o lançamento e além. Há tantos projetos que se afogam em estágios vitais, em que é preciso confiança para seguir, mas são sufocados por falta de financiamento. Na verdade, é aí onde muitos grandes projetos inovadores falham, possivelmente para o deleite dos jogadores maiores, que não querem ver seus modelos existentes serem perturbados ou preferem que as novas ideias sejam integradas nos próprios lançamentos empresariais. Sempre recomendo que você mantenha uma reserva de orçamento de, pelo menos, 10% para cada ano ou componente do projeto, acrescentando qualquer reserva não utilizada a uma nova (reserva) de 10%.

Descobrimos que os custos de desenvolvimento podem esticar por mais 20% —, mas os de lançamento caem levemente. Esteja preparado!

Financiamento de novos negócios

Mesmo o ramo de financiamento sofreu mudanças: já não é mais aquele modelo tradicional de banco, cuja agência ficava numa rua importante, que funcionou no passado. Muito em breve, novos modelos de financiamento estarão disponíveis — em uma rua principal próxima a você ou em um *site* — este é um grande exemplo de uma indústria acomodada, controlada principalmente pelos "quatro grandes", que, na opinião de alguns, têm sido complacentes em suas ofertas comerciais em todo o Reino Unido. Se isso não fosse verdade, não haveria mercado para os bancos *"challenger"*, e o governo não teria intenção em remover os obstáculos de regulamentação para permitir que outros entrem nesse mercado.

Você tem de estar sempre alerta: não pode dormir de touca. A tecnologia financeira, a *finTech,* tem sido uma área significativa de crescimento nos últimos anos. Apesar disso, só muito recentemente os grandes bancos aderiram a ela com relação aos sistemas de distribuição e de pagamento, ao passo que outras empresas já lhes passaram muito à frente. Sistemas de pagamento via iPhone (*touchpay*) e até mesmo o cartão *Oyster* (cartão usado nos transportes em Londres) são grandes exemplos de formas de pagamento de valores pequenos para serviços habituais do dia a dia. O ponto importante é que é o usuário que está fazendo o trabalho; a tecnologia reduz a necessidade de intervenção humana, diminuindo os custos de pessoal (entre outros) e fornecendo recursos financeiros ao provedor de forma mais rápida.

Tampouco vamos nos esquecer das alternativas novas e promissoras, tais como credores *peer-to-peer* e os "*investidores-anjo*" que podem oferecer financiamento alternativo. Enquanto escrevo este livro, ainda não há muita regulamentação para essas alternativas, embora eu entenda que a entidade reguladora do Reino Unido esteja de olho nelas, o que provavelmente vai complicar as coisas nos anos vindouros. No entanto, estas são um grande exemplo de inovação na aplicação de um modelo tradicional em um novo mercado.

O *crowdfunding* também veio à tona nos últimos anos. Desconhecido há cinco anos, e considerado realmente como uma anomalia no mundo das finanças quando começou, ganhou força e agora está aqui para ficar... a menos que as entidades reguladoras resolvam que o controle seja necessário. De alguma forma, acho que vão intervir nessa forma alternativa de financiamento.

Tolo atarefado ou um ocupado concentrado?

Você precisa gerir esta transição (do conceito à construção) enquanto mantém as mãos firmes no leme de seu negócio-padrão. Ninguém quer ser um tolo atarefado! De qualquer maneira, você provavelmente trabalha o máximo de horas que tem disponível, e qualquer processo novo que desenvolver vai aproveitar os dados fabulosos, a experiência e a perspicácia que tem acumulado ao longo dos anos e que o conduziram aonde você está hoje.

Uma parte dos lucros do nosso negócio principal é usada para pagar o desenvolvimento da nossa nova oferta digital. Você pode chamar isso de autofinanciamento. Vem funcionando razoavelmente bem, embora tenha criado alguns enigmas ao longo do caminho, como por exemplo, quando ambos os negócios precisavam de dinheiro ao mesmo tempo. Esse tipo de situação o mantém alerta, além de ser um desafio à sua determinação. Pode ser sugerido — na verdade eu sugeri — que a vida útil do nosso modelo atual seja provavelmente de apenas quinze anos: o período que falta para os *"baby-boomers"* (pessoas nascidas entre 1946 e 1964) passarem do processo de aposentadoria aos seus anos de crepúsculo.

A nossa nova proposta *online*, tanto quanto podemos ver, *não* tem prazo de validade, desde que continue evoluindo, desenvolvendo-se e perturbando (no nosso caso) as formas de pensar em relação à distribuição dos serviços financeiros de varejo no Reino Unido.

Tempo de planejamento

Você é um gerente empresarial; portanto, provavelmente não precisa de mim para dizer-lhe como gerir os seus horários. Deve ter aprendido anos atrás o que funciona melhor para você. No entanto, como empresário — grande, médio ou micro — sabe também que a adição de um novo projeto em paralelo pressupõe reflexão e planejamento. Você não quer ser "pau para toda obra" e especialista em nada, e manter o equilíbrio do seu negócio desafiará sua programação em relação a tempo e energia. Isso exigirá liderança para que os lucros não sejam afetados no curto ou médio prazo.

Considere encaixar o tempo de desenvolvimento do projeto nos períodos em que sua empresa principal costuma ter uma carga de trabalho mais lenta e uma produção menor. Já faz anos que, nos meses em que o verão e o inverno são mais intensos, nosso próprio negócio tem um movimento menor e os negócios são mais lentos; nós escolhemos usar essa "ociosidade" e capacidade excedente de tempo de forma produtiva, concentrando-nos em nossos projetos de inovação nesses períodos. Este tipo de sincronismo também pode ajudar a direcionar as datas de lançamento ou as atualizações, para garantir que o fluxo de trabalho do negócio principal não seja interrompido.

É pegar ou largar!

A partir do plano inicial — concebido em um feriado bancário chuvoso, depois de um "bate boca" de casal — o tempo de pesquisa, terceirização, avaliação dos custos, verificação, promoção e lançamento levou cerca de nove meses. Foi uma carga de trabalho pesada em um curto espaço de tempo, e ficamos satisfeitos com o coquetel de pré-lançamento que organizamos para a mídia e com o lançamento oficial três semanas depois. Nossa equipe aderiu ao processo muito cedo, é certo que depois do meu discurso sobre os argumentos de venda para seduzi-la, em que expliquei as virtudes, os riscos e, sobretudo, a tensão que o trabalho extra nos iria trazer e que todos nós teríamos de suportar. A inovação disruptiva significa nadar contra a maré de qualquer maneira, por isso é preciso que todos os participantes do projeto o acompanhem desde o início.

Todos nós tínhamos consciência de que o desenvolvimento e o lançamento seriam apenas a primeira fase. Como estávamos na vanguarda da adoção de uma mudança conceitual de um modelo tradicional, era grande o entusiasmado em sermos os primeiros no mercado, ou quase.

Uma vez lançado, o serviço estava pronto para ser usado. Na realidade, nós poderíamos ter parado naquele momento, mas onde estaria a graça nisso? De fato, o trabalho real começou naquele ponto: no fim da construção e após o lançamento. Como havíamos programado, começamos a questionar cada aspecto do processo para melhorar, aperfeiçoar e racionalizar o que já parecia haver superado nossas expectativas e as de nossos concorrentes. Desde então, adições foram feitas e processos foram alterados ou reduzidos, sempre que possível, para melhorar a experiência do usuário.

É imperativo que se planeje o desenvolvimento das fases "após a construção"/"após o lançamento" a fim de permitir que o processo de disrupção continue fluindo; isso por si só exigirá um plano empresarial.

Tempo e dinheiro — sua mensagem simples

Elaborar um plano empresarial para seu novo projeto não só vale a pena, mas é mesmo vital, especialmente se precisa que seus colegas e associados compreendam o verdadeiro plano de ação.

Tão importante quanto o plano de negócios é um de *marketing* que seja inteligente e claro. Se não conseguir especificar o que está tentando fazer em uma frase simples, provavelmente está fazendo errado. Isso ocorre porque, em geral, a capacidade das pessoas de absorver e reter algo de valor diminuiu drasticamente ao longo dos últimos anos. O sucesso do Twitter é um bom exemplo disso: se não conseguir expressar a sua ideia de forma clara em 140 caracteres ou menos, provavelmente não vale a pena dizê-lo. Eu acho isso realmente triste — o que certamente revela a minha idade! No entanto, entendo que para muitas pessoas até mesmo 140 caracteres vão parecer excessivos; há aqueles que preferem transmitir suas mensagens de forma ainda mais rápida, o que explica o sucesso dos ideogramas, como os *Emojis*.

A ironia é que, no momento em que escrevo este livro, há rumores de que o Twitter vai permitir mensagens com mais caracteres do que os atuais 140. Chegou a ser noticiado que o limite seria de até dez mil palavras. Que guinada! Vamos ver se se torna realidade. Eu poderia apresentar este livro inteiro como se fosse um seriado, em cerca de quatro ou cinco *twits*!

É evidente que há muitas formas de mídia social e de comunicação: do Facebook ao Instagram passando pelo Xing. Eu tenho as minhas preferências e você terá as suas, possivelmente todas as mencionadas acima, mas o seu envolvimento comercial nesses meios de comunicação agora é obrigatório se quiser criar interesse em torno de você, de sua empresa e de seu produto ou serviço.

Após concluir os seus planos, você poderia escrever um *twit* que resumisse a sua mensagem. Se não conseguir, reexamine sua verdadeira mensagem. De uma perspectiva comercial, é quase como a estratégia de *marketing* e vendas denominada *discurso de elevador* (em inglês, *elevator pitch*) que nós todos tínhamos de aprender na década de 1990: o que você diria se estivesse em um elevador com a pessoa que você mais queria influenciar e tivesse apenas três andares para fazer com que ela "comprasse" você, seus planos ou seu produto, e ainda ficasse interessada em saber mais antes que as portas se abrissem, deixando seu alvo escapulir.

Tive um bom contato que era dono de uma empresa de eventos e entretenimento. Seu discurso era simples e brilhante quando se referia à sua empresa: "Eu vendo diversão". É claro, rápido, conciso e, acima de tudo, envolvente. A frase: "Eu vendo pensões" pode ter menos efeito — mas "Eu vendo bem-estar financeiro" poderia criar mais impacto!

Para este livro, eu poderia dizer: "Seu negócio precisa de desafio, disrupção, inovação e evolução. Pratique-os porque você é capaz. A essência de sua sobrevivência pode depender do seu desempenho." Essa é a mensagem principal deste livro e apresenta um desafio a empresários e empreendedores que ainda têm o sucesso como o centro de seu objetivo comercial. Você pode ser capaz de pensar em formas alternativas para expressá-lo — mas o princípio está criado.

A clareza é fundamental.

Estudo de caso de PME: Direito de Família KGW, Surrey

Enquanto pesquisava para escrever este livro, tive o prazer de conversar com Karin Walker, do escritório especializado em direito de família KGW. Karin é advogada atuante em divórcios consensuais e mediações, com quem tenho trabalhado em estreita colaboração profissional; ela também empreendeu uma viagem dentro de sua própria atividade profissional para criar um serviço *online* para uso do público em geral.

De uma maneira semelhante à nossa — que mantemos um *site* separado de aconselhamento financeiro *online* —, ela criou um serviço *online* que é uma segmentação de seu *site* principal.

Foi fascinante confirmar que ela tinha notado que as pessoas na fase pós-mediação do divórcio queriam um serviço *online* em que pudessem lidar com a situação no momento que quisessem, sem sacrificar o horário de trabalho. As liquidações financeiras da maioria delas já estavam concluídas através da mediação, tornando o processo de divórcio muito mais simples. Muitas também estavam ansiosas para eliminar qualquer possibilidade de erro, e por se sentirem capazes de organizar a documentação, preferiam fazê-lo *online,* em seu próprio tempo. Karin observou que os mais interessados nesse sistema eram aqueles com idade inferior a 40 anos — as mesmas pessoas que também têm sido identificadas como um mercado-alvo para serviços *online.*

Além disso, a advogada se dera conta de que algumas empresas já tinham uma proposta *online* que ela considerava ser de qualidade inferior (mas pelo fato de a concorrência ser menor, as taxas cobradas pelos serviços medianos oferecidos eram relativamente elevadas). Para competir de modo adequado, Karin queria oferecer um serviço de boa qualidade, de forma correta, através de uma organização profissional; assim, de certa forma, eliminou concorrentes menores. Em suas próprias palavras: *"Uma abordagem mais fidedigna e honrosa do que a da maioria."*

Ela observou que seu negócio era um nicho de mercado pouco explorado, mas não levou muito tempo (cerca de seis meses) para produzir um recurso *online* dentro de seus próprios serviços. Como os tribunais do Reino Unido têm dificuldade em atender a demanda em casos de divórcio, existe a probabilidade de que, no futuro, haja maior necessidade deste tipo de serviço *online.* Com isso, haverá oportunidade para comercializar outros serviços que poderão ser oferecidos, tanto agora como no futuro. Penso que esta seja uma plataforma ideal.

Alguns de seus colegas e mesmo concorrentes menos ousados temem essa nova proposta *online*. No entanto, Karin sabe que o medo da mudança é comum em todos nós. Por outro lado, o futuro é direto e *online*, em particular para as gerações mais novas, — quaisquer que sejam os serviços profissionais de que elas necessitem, que pode ser desde o aconselhamento financeiro até o divórcio. Oferecer uma proposta viável e de alta qualidade para o mercado é vital. Além disso, adotar precocemente essa proposta é importante para o crescimento futuro do negócio. Sua empresa atual pode ter uma "vida útil" potencial igual ao tempo de trabalho que resta aos seus proprietários para se aposentarem. Uma proposta inovadora e criativa prolonga a vida viável de um negócio extendendo-lhe o prazo de validade, além de, na maior parte das vezes, desviar o foco do proprietário para uma posição neutra. Isso é altamente valioso, pois torna a sua proposta de negócio mais vendável no futuro, especialmente onde são evidenciados os fluxos de boas receitas.

Inicialmente, a oferta *online* pode levar algum tempo para sair do papel, e depois para continuar, e Karin estava mais do que ciente de que poderia demorar até se tornar rentável. Mas ela também sabia que era um passo significativo para o futuro.

Foi bom o fato de Karin haver compartilhado conosco algumas das frustrações sofridas enquanto preparava o novo serviço e escrevia em abundância os Termos e Condições, tanto para a proposta quanto para o *site*.

Nós nos identificamos com os pensamentos de Karin e, como ela, também já vimos esse filme: sentimos as mesmas dores de crescimento para conseguirmos uma proposta *online*. O lançamento de seu serviço sofreu um atraso de dois meses. No entanto, esses contratempos demonstram que a resistência é um requisito para atingir e concretizar os seus objetivos.

A implantação "Big Bang"

Todas as indústrias e profissões estão inovando neste momento. É um período propício para evoluir. Para nós, que trabalhamos em serviços financeiros, não é diferente. Com efeito, em trinta anos de carreira só consigo me lembrar de uma época parecida, nos meados da década de 1980, quando a bolsa de Valores de Londres passou por uma repentina desregulamentação, o que desencadeou grandes mudanças, dentre as quais, o começo das negociações eletrônicas de ações. O dia em que isso ocorreu, 27 de outubro de 1986, ficou conhecido como o *"Big Bang"*. Embora os sistemas venham se desenvolvendo de forma significativa desde essa época, acredito que só nos últimos anos é que vimos a verdadeira inovação, e não "apenas" uma evolução.

Há muito a discutir sobre o assunto, o que excede o contexto deste livro. No entanto, para fornecer um sabor da curva da mudança e um pensamento dinâmico e perturbador que abrange todos os aspectos do nosso negócio, o diagrama a seguir do Fórum Econômico Mundial /World Economic Forum é uma forma razoável de olhar para a posição atual.

O diagrama a seguir é reproduzido com a gentil autorização do Fórum Econômico Mundial, projeto de junho de 2015, e aparece em seu Relatório Final. É intitulado "The Future of Financial Services: How disruptive innovations are reshaping the way financial services are structured, provisioned and consumed" (em tradução livre: "*O futuro dos serviços financeiros: Como inovações disruptivas estão redefinindo a forma como os serviços financeiros são estruturados, provisionados e consumidos*").

Primeira taxonomia consolidada para a inovação disruptiva nos serviços financeiros

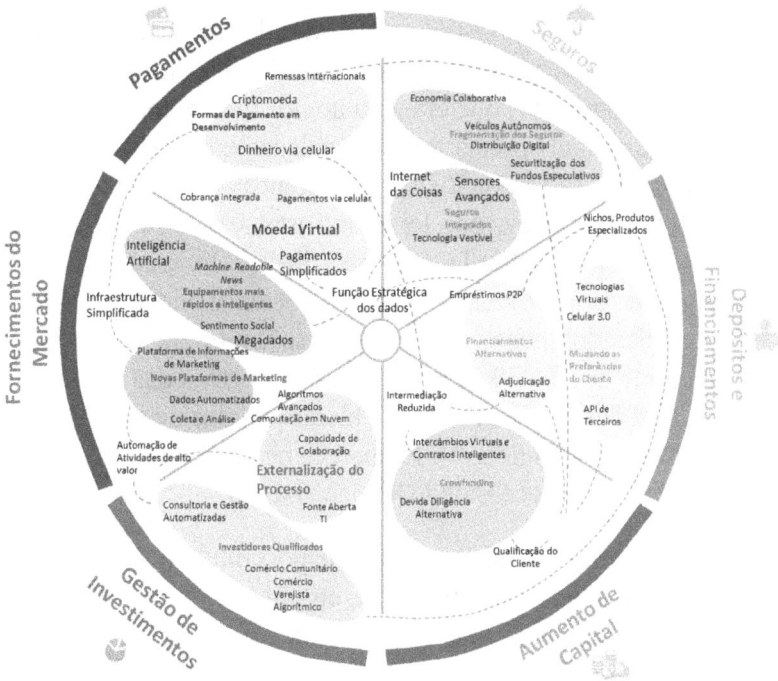

Reproduced with the kind permission of the World Economic Forum

O futuro é incrível, o passado é história... mas um bom lugar para saber onde você começou.

Idade máxima 43 anos/"A ala tecnológica"

Em 1985, terminei o ensino médio com algumas notas altas e uma atitude apática, despreocupada — de *laissez-faire* — em relação aos estudos. Comecei a trabalhar em um banco no final do mesmo ano e, desde então, portanto há mais de trinta anos, estou envolvido nos serviços financeiros de varejo no Reino Unido. Tem sido uma grande jornada e há mais por vir.

No meu último ano escolar, precisava de uma matéria extra para completar o meu currículo. Assim, escolhi "Estudos de Computação", que era uma novidade para todos. Duas grandes caixas pretas foram instaladas em uma pequena sala e esta se tornou "a ala tecnológica"— a primeira na cidade de Surrey, por ter uma instalação especial para computadores! Ainda é extraordinário imaginar como algo imprescindível para nós hoje tenha, de fato, sido considerado apenas como um acessório em nossas vidas há cerca de 25 a 30 anos. Eu ainda acho graça das revisões atualizadas do diagrama da "hierarquia das necessidades de Maslow", onde o Wi-Fi aparece na parte inferior como se fosse uma necessidade humana básica.

Com efeito, durante um bate-papo com um ex-colega de classe que, assim como eu, ficava espremido na "ala tecnológica", nós chegamos à conclusão de que se soubéssemos há trinta anos que ficaríamos sentados na frente de um computador a maior parte das nossas vidas, primeiro não teríamos acreditado, segundo, não iríamos aceitar e, finalmente, teríamos prestado mais atenção nas aulas. A propósito, eu não acho que tenhamos sido aprovados nessa matéria!

Isso levanta dois pontos importantes para mim. Um dele é que o "sentado na frente de um computador" pode acabar em breve. Com a compatibilidade de telefonia celular 5G a caminho, e o "ecossistema" móvel prestes a estourar, para que precisaremos de escritórios e mesas de trabalho? A flexibilidade do trabalho quanto ao tempo e lugar chegará a novos patamares. Meu local favorito para escrever é o avião, e na verdade estou digitando esta página específica do texto a uma altura de 11.000 metros. O segundo ponto é que as pessoas com idade inferior a 43 anos nunca conheceram um mundo sem computador. Todos acima desta idade tiveram de se *adaptar* para acomodar esta nova oportunidade de tecnologia, já que se tornou disponível para as massas e para as empresas.

Esse parâmetro etário pode não ser científico, mas é bom para demonstrar o pensamento de pessoas acima e abaixo desta idade, e questionar-se na condição de empresário para ver com qual desses grupos você se identifica. De preferência, você deveria se envolver com ambos — mas chegamos à conclusão que pode ser necessário criar diversos modelos de negócio para alcançar essa utopia no mundo real.

Todas as áreas empresariais estão inovando agora: transformando processos, percepções e ideias para que algo possa ser organizado de uma maneira melhor. O fracasso em acompanhar as mudanças tecnológicas poderá impedir seu progresso quando desejar avançar.

Eu entendo que o programa de transporte espacial "*Space Shuttle*" da NASA tenha sido interrompido não porque não fosse um sucesso, mas porque os seus sistemas eletrônicos não foram atualizados enquanto o programa e a tecnologia avançavam — provocando efetivamente o fim do projeto.

Tenho certeza de que você pode criar um diagrama semelhante ao ilustrado neste capítulo para sua própria profissão, concentrando-se em uma ou duas áreas de especialização e conhecimento. A propriedade intelectual que concentrou e está usando é exclusiva ao seu negócio e à proposta em que está trabalhando. Você só divulgaria parte dela, uma vez liberada na sua totalidade para o mercado, e conosco acontece o mesmo. Esperamos compartilhar com você nossa paixão de inovar, mesmo perturbar, para provar que um conceito pode funcionar e ser fornecido ao mercado através de uma oferta competitiva concentrada no usuário final. As falhas, os desafios, as pequenas imperfeições e os sucessos de nossa jornada levaram ao lançamento, em janeiro de 2015, do SaidSo.co.uk, nosso *site* de aconselhamento financeiro *online*.

Não sou especialista em tecnologia, acredite em mim, mas há pessoas próximas a mim que o são. Você também pode terceirizar a tarefa de adotar um pensamento mais dinâmico e "mais jovem" do que o seu para que ele possa ser aplicado no seu atual negócio tradicional.

Tudo o que eu precisava era de um telefone! Uma mudança histórica de comunicação

Há uns doze anos me divorciei. Não foi o meu primeiro divórcio e, eventualmente, a partilha dos bens e as questões financeiras foram acordadas e seladas.

Como não me sobrou muito dinheiro depois disso, eu só pensava em ter um telefone. Enquanto eu pudesse entrar em contato com meus companheiros, colegas e contatos, seria capaz de sobreviver. E realmente foi o caso. Desde então, os tempos mudaram para mim e para os meus contatos, tanto em relação à comunicação como à telefonia.

Os métodos de comunicação são agora muito diferentes e mais interessantes. Há pessoas que sugerem que eles também são mais invasivos. Isso pode ser uma situação ruim para o indivíduo, mas é ótima para criar oportunidades de negócio. A comunicação através do telefone fixo está em declínio e parece ter se tornado ultrapassada, mesmo inaceitável para muitas pessoas mais jovens. As preferências estão se deslocando para *emails* e mídias sociais em suas diversas formas, através do uso de *tablets*, tecnologia celular e similares — e todas elas podem também ser invasivas — estas opções são potencialmente menos próximas, se você quiser manter o controle.

Um número muito maior de informações e imagens pode ser transmitido, de uma maneira mais rápida do que antes. E quando nos lembramos de que a Internet e suas possibilidades estão apenas na infância, fica evidente que esta tendência só vai continuar. A recente utilização generalizada do GIF (*Graphics Interchange Format,* ou Formato de Intercâmbio de Gráficos) é um exemplo disso, permitindo que quantidades significativas de informação sejam fornecidas em uma breve explosão de dados.

Esta mudança da comunicação física oferece uma oportunidade para alcançar públicos muito maiores do que antes, e deve ser enquadrada durante o planejamento do seu projeto. As vendas por telefone não são mais aceitáveis pela maioria; os usuários finais preferem escolher como vão se comunicar com você. Eles agora podem acessar muito mais informações, e o poder de ter opção é vital. Você apenas precisa ter a certeza de que está no mercado de uma forma visível para as pessoas que deseja atrair, com as quais pretende comunicar-se e para as quais tenciona vender.

O objetivo original do jogo continua ou acabou sendo minado pela realidade?

Quando fundei a nossa empresa principal, meu objetivo fundamental no curto prazo era colocá-la em atividade. Considerar-se apto a dirigir um negócio, começá-lo e, em seguida, torná-lo rentável são três coisas muito diferentes, como você deve saber. Desenvolvê-lo ainda mais é o próximo objetivo, tanto em tamanho físico (pessoal, carteira de clientes e instalações) quanto em volume de negócios, possivelmente mantendo a empresa pequena, o nível de qualidade e, espero, uma boa rentabilidade. Seu objetivo pode ser qualquer uma dessas situações, ou uma combinação delas; todos nós temos planos diferentes... mas tenha a certeza de saber quais são os seus.

Capítulo Cinco: Incubação

Incubação: *combinação única e altamente flexível de processos de desenvolvimento de* negócios, *infraestrutura e pessoas destinadas a fomentar um novo pensamento.*

Eu usei um dicionário diferente para definir "incubação", assim poderia ser corretamente alegado que essa definição em si é inovadora. No entanto, ela é eficaz por resumir o processo de incubação e criatividade e incorporar o nosso pensamento na cultura de nossa própria jornada.

Quando a construção básica de seus negócios estiver completa e o estágio de evolução passar da inovação para a produção, você precisará acompanhar sua marca e seu produto. Recentemente, num fórum *FinTech*, fizeram-me uma pergunta sobre isso. Para ser franco, essa me deixou surpreso e transmitia a seguinte mensagem: "Se você não acredita em sua própria missão completamente, é improvável que outros fiquem animados com ela. Na verdade, a convicção é contagiosa e precisa ser espalhada, começando pelo mentor do projeto e passando por todos, incluindo o usuário final."

Há algo satisfatório em relação a essa fase do projeto. É como escrever um livro: a estrutura é criada, os capítulos foram sendo formados, o título está pronto e a mensagem final está lá. No entanto, ainda há muito o que escrever! Você ainda tem de reunir todos os tópicos que criou em um documento só e, depois, dar um nome e uma marca ao seu "livro" que o façam sentir orgulho. Em seguida, precisará ter certeza de que ainda vai sorrir cada vez que deparar com ele em uma estante virtual, sabendo que há um pedaço seu no interior das páginas.

Incubadora de coisas

Para muitos de nós, as tarefas do dia a dia são suficientes para preencher-nos a agenda diária — às vezes, excedendo o nosso tempo livre. Até certo ponto, sinto-me bem-sucedido em dar conta de administrar tudo o que precisa ser alcançado, embora eu não esteja certo de qual será o preço real disto. O tempo dirá. Se paramos neste exato momento, simplesmente fazendo o que sempre fazemos, o nosso molde nunca será quebrado, mas em compensação não haverá progresso.

Para me ajudar a não ficar preso nesta fase, eu gostaria de possuir uma "incubadora de coisas". Nela reuniria todas as inovações, ideias, todos os planos e pensamentos disruptivos. Eu os envio a todos para um arquivo eletrônico ou os incluo em uma pilha de papel sobre a minha mesa de trabalho. Tudo fica lá, sem poluir o trabalho principal, até que estejamos prontos para fazer mudanças significativas. Isso não só permite a mim, mas também, e o mais importante, aos outros acessarem os dados a qualquer momento, para fazer melhoramentos, questionar ou apenas entender o que está sendo considerado. Você espera que eles façam apenas isso: que olhem para esses planos, que partilhem ideias, além de desafiá-las e até mesmo criar dificuldades. A realidade será ainda melhor se todos compartilharem a mesma visão de mundo e de cultura do possível. Na maioria das vezes, é sensato construir uma linha do tempo para acompanhar a evolução de acordo com os seus planos de lançamento. Você não quer se atrasar no mercado da inovação, permitindo que os concorrentes tomem a dianteira. Há poucas medalhas de prata no mundo empresarial.

Do mesmo modo, aqueles que instintivamente preferem o ritmo monótono da mesmice, "Funciona, então não precisa corrigir!", devem ser firmemente afastados durante a fase de construção. Eles têm um grande valor em suas perspectivas, permitindo que você tenha tempo para liderar esta inovação, e serão valiosos mais tarde para testar o produto ou serviço final. Os pontos de vista tradicionais dessas pessoas confiáveis e competentes são importantes no momento *certo*, mas você não pode se dar ao luxo de deixá-los arrancar as inspirações emanadas pelas suas ondas cerebrais antes mesmo de testá-las. Eles podem muito bem retardar a progressão do processo de construção, como observamos no Capítulo Um.

Existe apenas uma pequena estrutura na incubadora. Se essa for segmentada na mesma linha da prática atual, provavelmente só conseguirá criar um modelo semelhante ao que você já tem. Na verdade, *inverter* a estrutura pode ser mais produtivo. Você pode até achar que o sistema atual poderia ser melhorado com esse processo. Para nós, pelo menos, melhorou em alguns aspectos em relação ao planejamento original. A nova oferta é interativa e envolvente, se comparada com as encarnações anteriores, que parecem monótonas, embora sejam informativas e possam ser facilmente aperfeiçoadas.

Nós optamos por lançar toda a inovação de uma só vez, acompanhada por uma campanha de pré-lançamento curta a fim de estimular o apetite do consumidor e da mídia. Desde então, temos feito atualizações trimestrais, uma vez que gostaríamos de ser um dos pioneiros a adotar a mudança. Você pode preferir apresentar sua nova abordagem durante um período previamente combinado, em especial se o novo pensamento for muito radical, e eu espero que seja.

O que quer que você faça, crie um espaço separado para seu planejamento e para sua incubação, tanto na realidade quanto na mente. Um pensamento limpo, não poluído, é necessário para fazer qualquer diferença significativa. Lembre-se de que sua *incubadora de coisas* está repleta de propriedade intelectual de alto valor; assim, mantenha-a segura e mostre-a somente àqueles em quem você confia. A imitação pode ser a maior forma de elogio — mas este sentimento não se aplica a uma nova ideia de negócio. É por isso que existe toda uma indústria legal em torno da propriedade intelectual, para fornecer um mecanismo de proteção às ideias inovadoras.

O poder de atenção aos detalhes

Ideias! Criatividade! Uau, ambas são tão emocionantes. Desde o momento que aparecem em sua mente, depois se tornando um detalhe em um esboço ou em um documento profissional, até você querer vê-la terminada e ao alcance de seu mercado-alvo, pode levar alguns segundos. A energia desse ímpeto é, e deve ser, fantástica. A realidade geralmente *não é*. Na minha opinião, durante a transição do pensamento conceitual para a inovação e, finalmente, para a produção, a atenção aos detalhes é tudo. E, embora você possa e deva ter prazos, não se prenda a eles se sentir que, ao cumpri-los, a qualidade de sua inovação será comprometida por falta de tempo para dar atenção aos detalhes. Você quer causar uma sensação no mercado — e se não conseguir superar pequenos erros na produção, corre o risco de o seu projeto ser rejeitado.

Minha mãe sempre me diz que sou obsessivo. Esta é provavelmente a razão pela qual eu tenha me divorciado duas vezes. Mas essa característica também pode ser vista como uma coisa boa. Para que o nosso negócio fornecesse uma proposta *online* com uma qualidade capaz de competir em pé de igualdade com grandes bancos, companhias de seguros e corporações novas e bem estruturadas, precisávamos ser fervorosos detalhistas para lançar um produto que fizesse frente ao escrutínio de nossos usuários finais e às mentes curiosas dos nossos concorrentes. É muito interessante analisar os caminhos dos visitantes no tráfego de um *site* a partir das estatísticas do Google; você pode ver exatamente quais as páginas que as instituições estão visitando e onde estão se concentrando.

Este processo detalhista — o de verificar, controlar, mesmo várias vezes — não pode ser apressado. Não se iluda. Da ideia ao lançamento levou "apenas" nove meses, e tínhamos a nosso favor uma larga experiência antes de começarmos. Isso conta como uma rápida reviravolta. Faça o que fizer, certifique-se de que a qualidade do fornecimento final não seja apressada às custas da qualidade. Esta é uma falsa economia; é melhor demorar para entrar no mercado, mas fazê-lo da melhor forma possível, do que começar cedo, mas de forma errada.

A força da marca

Sua inovação está produzida, tinindo de nova e, aos seus olhos e de seus colegas, parece impressionante. A partir de um conceito, você chegou à inovação e à produção. Desde o lançamento, sua ideia nova precisa ser incubada, alimentada. Agora, como você vai chamá-la? Você não pode simplesmente chamá-la de "coisa"! A força de seu conceito e de sua criação tem de ser representada por um nome e uma marca tão poderosos quanto à sua ideia inicial.

Assim como a sua ideia, ninguém pode ter usado o nome desta nova marca antes. O novo nome, juntamente com sua imagem visual, tem de estar disponível para você utilizar. Pesquise cada registro de nome e marca comercial onde for possível, inclusive junto às entidades reguladoras de sua indústria.

Nós desenvolvemos a imagem da nossa marca, demos-lhe um nome comercial e a registramos. É sensato registrar a marca e seu respectivo *design*: são dois procedimentos relativamente baratos. Depois disso, contratamos profissionais terceirizados (e mais jovens) para criarem uma variação mais *"clean"* e dinâmica do nosso tema, e, como a aprovamos, foi necessário fazer a alteração da marca junto ao órgão competente. Nosso logotipo é agora "atual" e tenho a certeza de que vai precisar ser modernizado daqui a alguns anos, como é normal em todas as marcas.

Ter uma marca registrada não significa que você esteja completamente protegido dos seus concorrentes. Na verdade, seu aplicativo pode atrair a atenção dos adversários até mesmo antes do que imagina. No entanto, terá uma proteção legal muito maior do que se não providenciar um registro. Consulte um bom advogado e siga a orientação dele.

O nome deve refletir a paixão e visão que você investiu na nova criação — mas também a posição que ocupa no mercado enquanto avança para o futuro. Concentre-se no público-alvo que deseja atrair, oriente-se por ele para testar ideias novas pelo caminho. Você quer que esse público "o compre", então peça-lhe o seu ponto de vista, seja positivo ou crítico.

Pense na marca que escolheu tanto em relação ao presente quanto daqui a cinco ou dez anos. Será que o novo nome ainda parecerá atual, apesar da passagem do tempo? Mais importante, eu sei que *você* iria comprar o seu novo produto, afinal, é o seu bebê — mas você compraria a *marca*? Qual você compraria primeiro: a marca ou o produto? Se não houver uma resposta direta a isso, reveja a nova marca e tente melhorá-la. Por quê?

Você não gostaria que os usuários chamassem o seu produto pelo tipo, mas sim pela marca — da mesma forma que "Gillette" se tornou um termo genérico para qualquer lâmina de barbear. Quando finalmente se concentrar em sua marca, orgulhe-se dela, pois ela contém um pouco de você. Foi você quem apoiou o seu nascimento, produção e crescimento até aqui, assim, mantenha-se ao lado dela.

O lançamento de um novo produto é apenas o começo

Não é preciso ser um gênio de Astronáutica para dizer-lhe que o lançamento de um foguete ao espaço requer um exército de pessoas e muito tempo. E a missão não termina quando os queimadores são acesos ou com a realização do lançamento. Esse é apenas o início.

Aqui não estamos tratando de ciência espacial. No entanto, os mesmos princípios se aplicam ao lançamento de seu produto/serviço/conceito. Eu fiquei praticamente fascinado pelo nosso produto. Seu desenvolvimento o conduziu a uma estratosfera muito mais alta (desculpem o trocadilho) do que eu poderia ter imaginado. Mas lembre-se: uma abordagem empresarial é necessária em todos os momentos, desde os custos, à promoção, à gestão, aos meios de comunicação sociais e assim por diante. Você teve uma grande ideia e tem sido capaz de desenvolvê-la, e daí? Isso acontece todos os dias, e o sucesso é raro; seu conceito pode não ser uma exceção. O inventor do aspirador de pó, Hubert Cecil Booth (1901), foi um homem bem-sucedido, mas foi Hoover que se tornou conhecido pelo produto doméstico. Pela força da marca? Provavelmente.

Uma vez que a euforia do desenvolvimento tenha chegado ao fim e seu lançamento tenha sido um sucesso, lembre-se de planejar rapidamente o modelo de seu negócio para os próximos anos. É provável que, logo nos primeiros dias, sua nova empresa atraia o interesse daqueles que querem adquiri-la ou tentar plagiá-la, sendo abordada por eles. Este "elogio" não lhe trará amigos, mas é necessário estar ciente de que é provável que aconteça. Basta garantir que você fique à frente na curva da mudança.

O mercado no qual estamos concentrados, que é a distribuição no Reino Unido do aconselhamento financeiro de varejo *online*, está apenas em sua infância. Portanto, cremos que um pouco de competição seja uma vantagem, pois aumenta o perfil da oportunidade para o público. Prevemos, eventualmente, cerca de dez a quinze concorrentes no mercado de aconselhamento financeiro *online* antes que ocorra alguma consolidação. É necessário se precaver através de um plano: tanto um plano de negócio quanto um que tenha em conta quaisquer desenvolvimentos complementares que poderão surgir enquanto você evolui e incuba a sua plataforma ainda mais.

Por exemplo, para o nosso sistema de aconselhamento financeiro *online*, o SaidSo.co.uk, oferecemos guias gratuitos adicionais e uma oferta especial no nosso primeiro aniversário. Para tal, renovamos de forma eficaz as primeiras páginas, de modo a torná-las mais envolventes para o público do Reino Unido. Na verdade, após nove meses, nós já tencionávamos fazer mudanças sutis, mas esperamos pelo nosso aniversário para dar maior ênfase à oferta. Nós também tomamos uma decisão empresarial de não fazer quaisquer alterações nos três meses subsequentes, pelo menos. O pensamento por trás deste plano é que uma evolução adicional em uma sucessão tão rápida poderia ser disruptiva para a própria disrupção que já tínhamos aplicado, criando o potencial para a confusão. Espero que isso não seja confuso!

Mudar é bom. Mudar por causa da mudança não é.

É certo que sentimos uma pressão real ou imaginária, até de nossos programadores que estão na mesma faixa etária que nós, para reduzir os preços ao consumidor. Quando nos aproximamos do nosso primeiro aniversário, como promoção, introduzimos um desconto por tempo limitado (£ 100 de desconto durante 100 dias — um terço a menos do preço original) com o objetivo de estender o uso, trazer mais interesse e um maior número de adesões à nossa pesquisa quanto ao nível de preço desta inovação.

Esta promoção terminou agora e provou ser uma ótima maneira de reunir dados ainda mais recentes referentes à experiência do usuário final.

Promoção

Gostaríamos de analisar também os resultados gerados pela entrega dos manuais gratuitos e pelo desconto dos preços oferecidos. Assim, após 100 dias, o preço de nosso serviço de aconselhamento voltou ao seu nível original e vamos avaliar os resultados durante o verão. A promoção foi claramente positiva, e após a revisão, talvez venhamos a reduzir o preço de forma permanente até o nível inferior para criar volume. Esta é apenas uma pequena manipulação de preços se compararmos com a prática de alguns de nossos concorrentes; analisaremos esta posição outras vezes ainda, quando os dados e respectivos monitoramentos ficarem mais claros.

Estamos certamente trilhando novos caminhos, para nós e, em parte, para a nossa profissão, por isso sabemos que não existe uma única resposta correta. Você tem de começar por algum lugar e, depois, adaptar-se; caso contrário, poderíamos encontrar-nos atolados numa procrastinação desnecessária... que é arqui-inimiga tanto da criatividade quanto do fornecimento.

Atribui-se ao empresário Elon Musk o seguinte comentário: "Aqui o fracasso é uma opção. Se as coisas não estiverem falhando, você não está inovando o suficiente." Se nossa promoção não for bem-sucedida, vamos reconsiderar o programa. Nós certamente não queremos nivelar nossos preços por baixo.

Nivelar por baixo

Os consumidores são normalmente sensíveis ao preço, em especial no que diz respeito a uma nova linha de produtos ou inovação, sem similar no mercado atual. Assim, eles podem comparar a nova criação a uma que se tornou obsoleta; nesse caso, qual deveria ser o novo preço? Há uma discussão a respeito de quanto o mercado está disposto a pagar. Pesquisas e testes ao consumidor podem ajudar neste ponto, embora a alternativa anterior (de um produto similar: qualquer que seja o formato) ainda possa orientar o preço, e com ele as margens iniciais.

Qualquer gerente equivocado pode ignorar o lucro e o nivelamento por baixo do preço para ganhar negócios. Essa não é uma atitude sábia para que uma nova oportunidade prospere no futuro. A tendência de baixar o preço é fácil, em particular para grandes corporações. Reduzir o lucro inicial de forma a aumentar a distribuição inicial e a quota de mercado não é nada novo, e pode ser uma solução simples para o lançamento de um produto, especialmente se este for sensível ao preço, como é o caso de muitos ítens convencionais. Você vai deparar com isso todos os dias com ofertas introdutórias, e nós aderimos parcialmente a essa tática ao oferecermos um desconto promocional comemorativo no nosso primeiro aniversário. No entanto, a viagem de volta ao aumento dos preços é uma questão totalmente diferente, e no longo prazo tem para seu negócio o potencial de um tiro no pé.

Tendo exposto esse pensamento inicial, no momento, estamos na mesma posição de um grande banco da rua principal que está oferecendo sua versão de aconselhamento — pelo mesmo preço da nossa.

Assim, gerencie sua tática de preços com cuidado. Tenha sempre em mente a rentabilidade no longo prazo e a sustentabilidade do produto.

As notícias seguem o preço

Recentemente, tem sido sugerido que as notícias seguem o preço, e não o contrário. Quando as tendências de investimento seguem um movimento negativo, a repercussão da imprensa segue o mercado e vice-versa. Não são os comunicados de imprensa que definem o mercado. Para alguns, essa é uma psicologia inversa, mas não é. Se a opinião pública, que em geral é movida pelo preço, for contra um investimento, o preço vai cair. O contrário também é verdadeiro.

Será que isso se estende ao produto? E às suas inovações?

Por que o preço final?

Na vida, como você já sabe, as coisas nem sempre são o que parecem. A razão pela qual algo acontece, ou não acontece, ou irrita você, pode não ser aquela que você pensa. Por exemplo, uma companhia aérea internacional pode cobrar o que parece ser um acréscimo elevado por quaisquer benefícios adicionais que você escolher, mas acima de um preço básico de compra baixo. Por quê?

Com certeza há um benefício de *marketing* quando se baixa os preços, havendo empresas que justamente promovem isso com entusiasmo. No entanto, as próprias tarifas aéreas estão sujeitas a pagar impostos, enquanto os suplementos talvez não estejam. Assim, pode haver um benefício para a empresa em atrair novos passageiros — e também para o consumidor mais experiente, se puder desistir de alguns suplementos. Portanto, o que talvez irrite algumas pessoas pode realmente tornar-se um benefício para outras. Vire a proposição ao contrário, de modo que o custo inicial seja mais alto, com custos acessórios limitados ou inexistentes: o custo total seria superior e, neste caso, o consumidor provavelmente pesquisaria o mercado para encontrar um voo mais barato e, claro, continuar irritado quanto às despesas acessórias subsequentes.

Exemplos de despesas suplementares (razoavelmente esperadas como padrão pelo passageiro, mas cobradas pela companhia aérea) podem ser: pagar R$ 4,00 por cada ida ao banheiro durante o voo. No entanto, a iniciativa economiza tempo e custos de manutenção, além dos custos de esvaziamento que habitualmente são tributados. Quando faltam vinte minutos para a aterrissagem, há sempre uma enorme fila para o banheiro, mas quando as pessoas têm de pagar não há! Assim, o orçamento da companhia aérea pode continuar sendo baixo, permitindo-lhes também manter um tempo de permanência em terra menor, e a possibilidade de realizar mais voos com o mesmo avião. Não houve disrupção no modelo de transporte de base, mas a forma de planejamento foi inovadora e rentável.

Existe uma quantidade enorme de legislação fiscal em todo o mundo que determina em parte o custo de um produto. Você só precisa abastecer o tanque de seu veículo para saber disso. Quando você está no posto, terá de escolher entre gasolina, diesel e gás. Cada um tem uma alíquota tributária diferente e oferece uma solução diversa para conduzi-lo de "A" a "B". Todos são projetados para ser melhores do que produtos anteriores, e provavelmente, no futuro, serão substituídos por carros elétricos. Todos são baseados na mesma ideia, apenas a aplicação será diferente, e, claro, os carros elétricos terão uma tributação maior quando for atingido um volume suficiente. Acho que a única coisa que nunca mudará é que o ministro das Finanças sempre precisará da receita tributária; ele ou ela só terão de mudar (inovar) para garantir que continue a fluir!

Indo mais além, se a sua nova oferta for radical, e eu espero que seja, ela será tributada como se pertencesse a uma classe diferente dos modelos atuais, com incidências diferentes de alíquotas? É importante verificar isso, só para tirar a dúvida.

Há ofertas que parecem ser "boas demais para ser verdade". Para ser honesto, geralmente são mesmo. Cuidado, comprador! ou, *Caveat emptor*, como se dizia em latim — é um grande conselho. No entanto, se você refletir em como qualquer oferta, promoção ou negócio chegou onde está, seu tempo será bem investido, pois estará tentanto entender a metodologia daqueles que fizeram a oferta atingir seus objetivos. Será que foi por causa do lucro, da quota de mercado ou de uma imposição de "contadores de feijão", ou pessoas que só se preocupam com o dinheiro? Ou será que foi por ser considerada uma exclusividade? Ou foi exatamente o que o mercado existente iria aceitar? É provável que as ofertas atinjam seus objetivos por uma combinação de todas as respostas a essas perguntas —, mas a última é fundamental, ou seja, *o que o mercado já existente vai aceitar*.

Nosso objetivo é provocar no mercado existente uma disrupção através de uma inovação. O que essa nova forma de pensar e abordagem farão com o preço pago pelo usuário final? É possível subir o preço do produto, porque o usuário final o considera um verdadeiro "valor agregado" para a experiência dele. Você é capaz de mudar a opinião das pessoas para que elas paguem o mesmo preço por um modelo inferior. Alguns fabricantes de automóveis parecem ter conseguido isso nos últimos anos, cobrando pelos carros pequenos o mesmo preço elevado que cobravam pelos carros grandes. Alguns podem argumentar que os modelos menores provocam a subida dos preços dos carros maiores, criando receitas mais elevadas em geral. Ou será que a estratégia de vendas "*stack'em high*" é mais adequada, vendendo mais unidades por preços mais baixos em um grande volume, de modo a atingir os seus objetivos financeiros? Esta estratégia pode funcionar, embora muitos especialistas hoje argumentem que esta é a rota mais difícil para o sucesso e requer infraestrutura suficiente para lidar com grandes quantidades.

Em muitas situações, o preço é um ponto delicado para os compradores. Esse nem sempre é o caso, mas é comum. Durante a inovação, *não* é adequado se ter um fim em mente. O preço por si só poderia muito bem atrapalhar e confundir as diferenças reais do que você pretende fazer. No entanto, depois de ter estabelecido os parâmetros do seu conceito, olhe para o que é possível alcançar: o custo de construir, comercializar e disponibilizar (você o fará de qualquer maneira, com certeza, mas adicione uma margem) tanto no que se prende ao dinheiro quanto ao tempo. E depois determine qual poderá ser o preço final. Mas convenhamos, esse tem de compensar a energia gasta; caso contrário, o que fazer para reverter a situação?

Quando consideramos nossa nova abordagem para o planejamento financeiro *online*, dissecamos os custos em termos de tempo e dinheiro. Começando com o tempo, queríamos que o consumidor final fosse capaz de controlar e escolher quando e onde faria seu planejamento. O controle do consumidor é fundamental, pois o usuário final tem sido impulsionado ainda mais pela conectividade da telefonia celular, e esta tendência vai continuar. A maioria das pessoas quer estar (ou pelo menos sentir-se) no controle de suas decisões e ações. Queríamos agilizar o processo, para torná-lo lógico e, na medida do possível, amigável (o que nem sempre é tão fácil nos serviços financeiros com suas morosas exigências burocráticas). Acreditamos que temos, em grande parte, sido bem-sucedidos nisso e queríamos que a nossa marca refletisse essa abordagem aberta.

Tendo percebido isso, em seguida olhamos para o processo que usávamos então e seu custo em relação ao fornecimento de aconselhamento financeiro *online*. O modelo presencial tem de levar em conta as reuniões, correios, telefonemas e interações humanas dispendiosas que podem ser, na sua maior parte, retiradas do modelo. Existem sistemas disponíveis que levam isso ao extremo automatizando todo o processo, inclusive o aconselhamento; nós não aderimos a eles porque acreditamos que o produto final deve ter um conselheiro real fornecendo aconselhamento real, embora o *meio* do processo possa ser amplamente automatizado. O custo/hora de um funcionário é fundamental, pois é ele que mais afeta o custo global. Excluir as reuniões e seus complementos economiza mais da metade do tempo gasto no processo, o que por sua vez reduz nossos custos pela metade antes de começarmos. Esta economia é obviamente significativa e pode ser utilizada na determinação do preço do produto final.

Novos custos de infraestrutura são, em geral, elevados no início da construção de um sistema para fornecer um novo serviço. Nós já observamos neste livro o apoio financeiro e comercial que muitos países pequenos fornecem para as *startups* e para a inovação. No Reino Unido, você consegue deduzir impostos a partir de uma reivindicação de Pesquisa e Desenvolvimento — verifique isso com seus consultores fiscais logo no início. Se isso puder ser feito, pode significar que os custos globais serão mais baixos, ou que você será capaz de esticar o seu orçamento ainda mais para obter um desenvolvimento maior por causa de qualquer benefício fiscal.

Volumes

Com o nosso negócio *online* direto ao cliente (D2C: *direct to consumer*) totalmente desenvolvido, a infraestrutura existente poderia lutar para lidar com o volume de negócios a ser criado sem levar em conta a sua rentabilidade. Essa afirmação é feita presumindo-se que há uma penetração razoável no mercado.

Embora estivéssemos cientes desse risco potencial, nossa empresa tem condições de criar alguma capacidade adicional para lidar com um volume maior, certamente no curto prazo, embora possa exigir que todos ponham "mãos à obra!" sempre. A equipe tem conhecimento desta possibilidade e está positiva quanto à sua capacidade de enfrentar a situação. O manejo do tempo necessário para criar a nova linha de negócio é um caso que merece atenção: para muitos, esse seria um exemplo de tempo excedente. Nossa infraestrutura tem condições de lidar com o aumento de trabalho inicial, e quando este ocorrer, faremos uma reavaliação.

Uma última alternativa, se nos mostrarmos *excessivamente* bem-sucedidos, é simplesmente retirarmos o novo *site* do ar por um prazo acordado. Essa é uma atitude bem estilo Armagedon (alusão à batalha final de Deus contra todo o mal) e deverá ser tomada em definitivo como último recurso; mas é sempre uma opção.

Então, nossa administração é conduzida a uma encruzilhada importante, pois é o momento de considerar as possíveis formas de avançar no desenvolvimento de infraestrutura e nas ideias suplementares de inovação. Poderíamos expandir no início, sem aumentar nossos gastos com publicidade. No entanto, nosso foco principal é a prova de conceito — e, em seguida, em vez de operar o negócio nós mesmos, no longo prazo, nós o venderíamos juntamente com os dados, modelos de fluxo de atividade, gráficos e fluxo de renda criados. Esperamos que a nossa combinação de *marketing*, mídia social, prêmios conquistados e disrupção de modelos-padrão atraia a atenção devida. Nossos analistas sugerem que a probabilidade de despertarmos o interesse do tipo certo de pretendentes é alta e nós esperamos chegar ainda mais longe.

O ponto-chave do nosso novo conceito, como deve ser o de qualquer produto inovador, é a seguinte questão: "Existe um modelo de rendimento sustentável no final?" Se a resposta for negativa, teríamos de repensar.

Se a opção de venda falhar, nosso plano alternativo é o de reforçar nossa nova linha de negócio SaidSo.co.uk, investir mais na infraestrutura, enquanto seu volume aumenta.

Você venderia o seu negócio?

Supondo que atinja o objetivo de provocar uma disrupção no seu próprio mercado empresarial, você vai inevitavelmente perturbar as pessoas na sua área atual de negócios ao longo do caminho. Isso é uma boa notícia! No entanto, não se iluda: também atrairá pretendentes aos quais o seu trabalho árduo agrada e que terão como objetivo usurpar o modelo de suas mãos... ou fechar o seu negócio, se eles sentirem que o desenvolvimento deles está ameaçado. Temos visto muitos exemplos disso. Os concorrentes precisam constantemente de se adaptar, crescer e encontrar novas maneiras de aumentar a própria quota de mercado e distribuição. Se eles podem comprá-lo diretamente, tanto melhor, embora alguns possam preferir copiar e reproduzir suas ideias. A importância de ser bem aconselhado e garantir sua propriedade intelectual é, portanto, fundamental.

Em meados da década de 1980, as companhias de seguros compraram redes de agências imobiliárias para vender seus produtos relacionados a hipotecas associadas ao financiamento da venda das casas. Muitas das grandes seguradoras do Reino Unido que contavam com grandes volumes de negócios utilizaram um modelo tênue de distribuição de compras "direto ao cliente". Isso funcionou por algum tempo, até a recessão econômica de 1991, que viu a maioria dos modelos de negócio falhar. Muitos agentes imobiliários compraram seus próprios negócios de volta por uma fração do preço pelo qual tinham sido vendidos alguns anos antes.

Apesar de tudo, esteja pronto para vender! O risco é que sua nova proposta seja *tão* boa que vai tornar o seu modelo tradicional extinto e irrelevante. Se você vender por dinheiro suficiente, então poderá gerir o velho negócio, escolhendo cirurgicamente o trabalho que continua sendo rentável e agradável.

Pense no valor real do novo modelo de negócio que está criando, agora em sua infância e depois, quando começar a amadurecer. Olhe também para o seu valor real quando estiver em plena capacidade, bancado por comercialização e publicidade adequadas. Muitas empresas vibrantes e ostensivas são descobertas e compradas ainda no seu início, e você precisa estar confiante, com um preço real em sua mente, se for abordado mais cedo.

Surpresas acontecem!

Capítulo Seis: Revolução

Revolução: *queda violenta de um governo ou de uma ordem social em favor de um novo sistema.*

E o que dizer da queda violenta de um conceito que tem sido usado há anos? A revolução comercial é incrível por ter uma participação nisso. Há um espírito partidário fluindo através do escritório que faz com que suas tropas lutem secretamente contra as forças de ocupação, ou seja, a tradição e o *status quo*.

No nosso caso, o modelo tradicional vive lado a lado com um disruptor; agradeço à minha equipe por não os misturar. A capacidade dela tem sido firmemente testada e não deixa nada a desejar. É um pouco como uma citação do filme *Caça-fantasmas* de 1984: "Não cruzem os raios…" AINDA!

Eu amo a ideia de revolução. Tenho um ditado que diz: "Se pudesse começar de novo, eu não começaria daqui!" Imagine se pudesse abandonar seus métodos, sistemas e gestão atuais para começar de novo… qual seria o seu ponto de partida? Claro, alguns componentes você manteria — mas eu aposto, hipoteticamente, que tem em mente agora mesmo uma lista de cinco coisas que gostaria de mudar de imediato. Então, por que não muda?

O poder da revolução precisa ser tratado com cuidado. Ele pode ser usado de forma positiva para a mudança, mas também pode se voltar contra você, se não trouxer a seu lado os principais componentes do seu projeto, bem como seu pessoal. Vimos baixas ao longo do caminho, onde a confusão levou à frustração, que por sua vez conduziu à saída inevitável. Observe tudo à sua volta, identifique os problemas e ajude no que for possível para manter todos motivados e engajados.

Revolução do povo, pelo povo

A disrupção não é nada nova. A Revolução Francesa (1789-1799) deve ter sido um momento inspirador... para os que conseguiram sobreviver. Influenciada por ideias tanto radicais quanto liberais, provocou uma fase de revolta brutal do povo, para o povo. A guilhotina estava sempre ocupada com aqueles que não cumpriam as regras do partido — e sob uma perspectiva moderna de recursos humanos ou do politicamente correto, essa é uma forma inaceitável de motivar sua equipe para permanecer com você.

Nos tempos modernos, há casos menos sanguinários de poder emanado pelo povo. O movimento Solidarność (Solidariedade), por exemplo, emergiu primeiro como um sindicato não controlado pelo governo comunista que em 1980 estava no poder. Após quase uma década, o Solidariedade chegou ao poder de uma forma democrática, no final de 1989.

No entanto, foram o próprio povo e os movimentos sociais que motivaram mudanças significativas. Tanto é assim que influenciaram a história da humanidade para sempre. Foram tempos de inspiração, em que as pessoas estavam à procura de um futuro melhor, e isso é uma inovação. Mas *sem* as pessoas ao seu lado, as chances de uma mudança real são escassas e as de sobrevivência mais frágeis ainda!

Neste capítulo, examinamos alguns dos desafios adicionais que você pode enfrentar se a sua disrupção intencional transformar-se no pesadelo de uma revolução pessoal.

Os funcionários estão se revoltando

Você pode interpretar o título desta seção da forma que melhor se adapte às suas próprias opiniões — e sim, minha equipe já a leu!

Sendo proprietário de uma PME, é fácil se esquecer de que seus funcionários são seus maiores recursos. No entanto, o dilema é que uma equipe errada também pode ser o seu maior passivo. O problema para muitos gestores de negócio é que a passagem do positivo para o negativo pode ser rápida e, como sentimos na própria pele, inesperada, decepcionante, e sem ter sido provocada.

Provavelmente seria irracional esperar que um membro da equipe fosse sempre tão entusiástico, consciente ou aplicado como você. Esta é uma das razões pelas quais muitas empresas oferecem ao seu pessoal, como incentivo, participação nos lucros, para dar-lhes essa experiência de proprietário na partilha dos lucros. Se você tiver a sorte de encontrar um funcionário que seja tão comprometido como você, faça o possível para não o deixar escapar, porque ele é como ouro em pó!

Nós sabemos que o dinheiro nem sempre é um motivador; muitas filosofias e teorias populares confirmarão esta afirmação. Mas se você contrariar seu pessoal, conseguirá recuperar sua posição se quiser mantê-los? Linhas de pensamento podem mudar rapidamente, e o ganho financeiro pode se tornar um motivador repentino. Quantas vezes você já disse para si mesmo: *"Eu não sou suficientemente bem pago para assumir/fazer/vender/ administrar isso"*? Mais importante, se você fez essas declarações dentro do seu próprio negócio, sua equipe pode pensar de forma semelhante.

Isso não significa que um indivíduo não possa ser dispensável, não importa qual seja a função que ele desempenha. Você já deve ter ouvido o ditado que diz que sua capacidade será avaliada de acordo com o sucesso obtido pelo seu último negócio. Mas ter um membro na equipe que seja de confiança e focado facilita muito a vida de um empresário.

Certa vez, durante nossas férias anuais, após um incêndio no edifício vizinho, uma jovem funcionária permaneceu no escritório até tarde, muito tarde, numa noite fria de dezembro, até ter certeza de que não havia mais riscos. Era seu primeiro emprego após terminar os estudos; ela só ficou conosco por um ano, enquanto se decidia quanto ao caminho que realmente queria seguir. Acompanhando tudo de longe, por *email*, estávamos gratos por ela ser tão dedicada numa situação em que outros poderiam ter ficado ressentidos com a tarefa ou tê-la evitado completamente. A jovem empregada em questão tratou nossa empresa como se fosse dela quando não estávamos lá, mas havia uma razão para sua dedicação: ela era um membro da família. Mas acima de tudo, ela se *importava*.

Parentes podem ser empregados bons ou terríveis. Com frequência, eles são muito leais, seguros e confiáveis.

Mas há sempre um lado negativo para cada situação, e eles também podem ser preguiçosos. É importante lembrar que, se um membro da família fizer algo errado, terá de aplicar-lhe as mesmas regras impostas a qualquer empregado. Se alguma vez você tiver de usar os procedimentos disciplinares da sua empresa a um membro da família — e dependendo de quão próximo ele for, isso pode comprometer a próxima reunião familiar —, sinta-se à vontade para praticar tais regras. A opção de não disciplinar um membro da família corretamente envia uma mensagem errada de favoritismo familiar aos demais funcionários, o que pode levar ao ressentimento e à discórdia — o que é compreensível — entre o resto da equipe.

Isso nos reconduz ao assunto sobre os seus empregados e de como fazer para que o potencial deles seja aproveitado ao máximo — mantendo os bons e despedindo os que não conseguem estar à altura de suas expectativas. Isso, muitas vezes, pode ser o caso de algumas pessoas de vendas, cuja maior proeza foi conseguir ser contratado pela empresa e, depois disso, nunca conseguiu consistentemente cumprir as metas ou os objetivos do projeto.

Motivação

Sendo um empregador e sendo inovador, você também terá de pensar em como motivar e conservar o seu pessoal.

Enquanto escrevo, questiono o que as políticas, as metas e a ética empresariais com fins lucrativos estão fazendo com seu pessoal no longo prazo. Sei de pessoas que estão beirando os 50 anos, ou já os alcançaram, que estão pensando em deixar o trabalho em definitivo ou se engajando ativamente para que isso aconteça.

Como empregador, pergunte-se: *"O que motiva meus funcionários a virem trabalhar na segunda-feira de manhã, sem ter enviado na véspera o CV a uma agência de emprego para não terem de ocupar aquele espaço tedioso de trabalho que lhes é destinado"*?

O processo de recrutamento de uma boa equipe não é fácil. Há pouquíssimas pessoas bem qualificadas e confiáveis à procura de emprego. Aqueles que são bons sabem que podem exigir um salário alto, fora os benefícios, e geralmente são agarrados antes mesmo de estarem disponíveis no mercado de trabalho, pois são descobertos (ou aliciados) por alguns empregadores astutos ao longo do caminho. O que você está fazendo para manter seus funcionários no emprego?

Manutenção

A manutenção do pessoal é importante para a inovação e disrupção. Você precisa confiar na estabilidade e lealdade de seus membros, tanto individualmente quanto em equipe, para fornecer uma plataforma criativa e disruptiva. Caso contrário, acreditamos que a distração de conservar a equipe coesa reduzirá o impacto da execução do produto final.

Como controlar a situação e incentivar seu pessoal, fazendo-os querer ficar? Muitas das ideias, filosofias e processos começam com uma verdade simples: confiança na equipe. Se desconfiar de seus funcionários, mais cedo ou mais tarde eles perderão a motivação — que é a razão principal de você estar pensando sobre essas questões!

Como empregador, você deve saber que seus funcionários talvez queiram incluir no contrato de trabalho qualquer um dos pontos que vêm a seguir. Algumas autoridades sugerem que estes são "fatores de higiene". Independentemente deste ponto de vista, eles podem ser condições vitais para a permanência de um importante membro da equipe no longo prazo:

> **Trabalho flexível** — Muitas empresas, grandes e pequenas, usam essa facilidade agora, em geral baseada numa estrutura de "horas centrais", na qual há um horário do dia em que todo o mundo está presente. A opção depende, invariavelmente, da confiança de ambas as partes. Você confia que seu empregado estará presente quando ele assim o afirmar. Então, se você chegar às 9h, e alguém disser que chegou às 6h, você tem de acreditar nisso. Depende do gerente ou do proprietário saber se isso realmente aconteceu. Não vai demorar muito tempo para resolver a questão, se não for o caso.
>
> O trabalho flexível pode funcionar muito bem, especialmente se alguns funcionários apresentam melhor desempenho logo de manhã cedo e já outros, mais tarde, à noite. Aproveite o ciclo natural deles. Se há um projeto importante que necessita de uma grande energia, você não pode esperar que ocorra das 9h01 às 19h05. Alguns empregados realmente gostam de trabalhar sozinhos no escritório, sem interrupções, *emails*, telefones ou ruído de fundo. Outros desfrutam o zumbido da camaradagem e estarão no seu melhor em diferentes momentos do dia. Se você observar, cada um tem seu valor, que precisa ser cultivado em um projeto. Você não quer um monte de clones quando estiver

inovando, mas pessoas que perturbem, que sejam livres pensadores, que questionem e que, no final, estejam em sintonia e se orgulhem da parte que lhes compete no processo.

Horário reduzido de trabalho — Essa é uma prática de trabalho mais recente no Reino Unido, que para alguns vale a pena considerar. Efetivamente, isso significa permitir que as pessoas trabalhem durante as horas que quiserem (digamos 35 horas por semana) quando lhes convém. Assim, podem trabalhar, por exemplo, de segunda a quinta-feira em grandes blocos de tempo, inclusive à hora do almoço e folgar na quinta e sexta-feira, por terem completado as horas que lhe foram atribuídas.

Já testei trabalhar 70 horas durante nove dias direto — o que equivaleria a um período de duas semanas (ou seja, dez dias úteis). Pessoalmente, eu não sou fã deste sistema e sinto que seu sucesso depende do tipo de profissão ou indústria em que se opera.

Também aí deve haver um entendimento entre empregador e empregado. Deve haver um trato para evitar que os funcionários destinem um tempo para visitar médicos e dentistas no *seu* horário de trabalho, e, depois, usem o tempo livre efetivamente às suas custas.

Certa vez trabalhei para uma empresa onde muitos dos funcionários tinham institucionalizado horas extras. Eles trabalhavam pelo menos uma hora extra todos os dias, que era cobrada do cliente. Quando o sistema de horário reduzido foi introduzido, ocorreu um processo diferente de engajamento. As horas extras cobradas acabaram; os funcionários saíam do escritório uma hora mais cedo a cada dia e, mesmo assim, produziam a mesma quantidade de trabalho. Embora eu fosse apenas um observador, eu percebera que o ritmo de trabalho era abrandado para haver necessidade de cobrança de hora extra. Sob o novo sistema, o tempo passou a ser cronometrado.

Este é apenas um exemplo que teve como consequência imprevista uma redução de lucro para o negócio, enquanto potencialmente não melhorou os custos de pessoal. Do mesmo modo, se os custos de pessoal pudessem ser reduzidos e o faturamento permanecesse o mesmo, então haveria um potencial para melhorar a rentabilidade.

Se você sentir que um horário reduzido de trabalho não é para sua empresa, mas seu empregado o solicitar, você pode recusar o pedido desde que os seus motivos coincidam com os definidos por lei. O ACAS, serviço de conciliação trabalhista do Reino Unido, tem um documento muito útil sobre o assunto e este é citado na seção de referência.

Já no Brasil, a jornada de trabalho semanal é de 44 horas e a possibilidade de um horário reduzido depende de mudanças na CLT (Consolidação das Leis Trabalhistas), o que está sendo cogitado numfuturo próximo. No entanto, atualmente, a legislação prevê acordos coletivos de compensação da jornada de trabalho.

Partilha de emprego — duas (ou mais) pessoas fazem o mesmo trabalho, dividindo o tempo e, claro, o salário. Creio que essa modalidade não necessita de maiores explicações.

Escalonamento de horário — Os horários do começo, término e intervalos de trabalho não são iguais para todos os funcionários, possibilitando assim a continuidade dos serviços por um período alargado, e a consequente redução dos custos gerais. Esta opção é próxima do trabalho flexível, mas é planejada para beneficiar a empresa. Essa pode ser estendida e se transformar em um processo de trabalho por turnos.

Trabalho em casa — Como empregadores, temos de confiar em nossa equipe e acreditar que se eles trabalharem a partir de casa, estão realmente *trabalhando*. O sucesso ou não desta opção pode depender da localização da sua empresa e da infraestrutura (especialmente de banda larga) da casa do funcionário. A julgar por nossa própria casa, esta proposta seria inútil pois, apesar de ficar a 8 km de distância de uma cidade importante do Reino Unido, poderia muito bem estar em outra galáxia (as minhas desculpas a todos os marcianos que possam estar lendo isto).

Trabalho a partir de casa... o futuro?

Há uma década, muitos especialistas previram que trabalhar a partir de casa e suas modalidades eram o futuro, e muitas das principais empresas mostravam seus planos para oferecer ao longo dos anos este tipo de flexibilidade.

No entanto, na realidade, isso não parece ter ocorrido nos volumes previstos. Talvez essas previsões tenham se enganado por causa dos sistemas de infraestrutura do Reino Unido, que falharam na implantação de banda larga rápida e de serviços adequados de fibra óptica em todo o país. Além disso, a disponibilidade de propriedades e espaços comerciais adequados também foi na contramão das previsões que antecipavam uma "luta" para obter esses imóveis — o que não ocorreu na quantidade prevista.

Esta situação parece ser estática, mesmo quando se leva em conta a mudança recente da lei ao permitir que propriedades comerciais sejam transformadas em imóveis residenciais luxuosos. Um excelente (e grande) exemplo é o *Centre Point* em Londres que está vendendo muito bem no momento do lançamento. As atualizações da banda larga "super-rápida" estão em fase de preparação para serem implementadas por todo o país, o que pode permitir que o trabalho a partir de casa realmente decole; embora enquanto escrevo, os parâmetros prometidos estejam sendo reduzidos, particularmente nas áreas rurais. O desenvolvimento dos sistemas tem crescido e vai certamente continuar a crescer, para otimizar esta oportunidade.

Você pode introduzir um sistema de teste psicométrico para avaliar se seus funcionários são adequadamente independentes e focados para trabalhar a partir de casa ou, ao contrário, se vão "sentir-se inseguros quanto à liderança". No entanto, muitas empresas estão olhando para iniciativas *online* para que a equipe possa trabalhar a partir de casa, em qualquer lugar do mundo!

Se sentir que não pode se ocupar de sua empresa, ou não terá condição de pôr o seu negócio ou projeto em funcionamento, considere alterar o horário de trabalho ou modificar as condições de contratos de trabalho; podem haver, porém, outras opções abertas para você. Exemplos que poderiam ser considerados para ajudar sua equipe incluem:

Sistema de participação nos lucros e resultados — Como acontece com qualquer pequena a média empresa, às vezes conhecida como PME, esta opção remuneratória é provavelmente algo que você queira evitar, ou pelo menos ser cuidadoso com ela. Este não é um conselho, mas a empresa é sua, o capital é seu e você tem trabalhado duro para ganhar seu dinheiro. Provavelmente vai querer mantê-la em vez de doá-la! Este não é um sentimento insensato; no entanto, se seus funcionários sentirem que possuem uma parcela do negócio, ainda que pequena, estarão suscetíveis a demonstrar uma lealdade maior, e isso é evidenciado em muitas empresas prósperas e dinâmicas dos Estados Unidos. Os membros da equipe muitas vezes trabalharão mais, porque se eles melhorarem os lucros e, em última análise, a empresa, serão recompensados. Há muitos exemplos de tipos semelhantes de sistemas de participação financeira dos trabalhadores, inclusive há uma grande cadeia tradicional de lojas que se refere aos seus funcionários como "parceiros" e compartilha com eles os lucros de acordo.

Sabáticos — Estes não são atualmente regulamentados no Reino Unido, mas estão tornando-se populares em algumas profissões estressantes, geralmente junto a membros-chave da equipe. Que tal oferecer aos seus funcionários mais valiosos uma opção de até seis meses sabáticos depois de um longo período de trabalho? Ou até mesmo oferecê-los em função de um projeto-chave, cujo prazo terá de ser cumprido no futuro? Esta pode ser uma opção melhor pois evita que o funcionário se demita e, depois de um tempo, junte-se a um concorrente. O sabático pode ser uma licença remunerada, ou não, após o trabalhador ter atingido dez anos ou mais de serviço na sua empresa, por exemplo. Eles teriam de solicitar esta opção e avisar-lhe quando pretendem gozar a licença para que você possa se organizar e encontrar alguém que lhe dê a cobertura adequada. Se, por acaso, eles deixarem a empresa dois anos após o sabático, eles se comprometem a devolver-lhe qualquer vencimento recebido enquanto estiveram fora (em uma escala reduzida, se tiveram uma licença remunerada). Há muitos empregados que gostariam de fazer algum trabalho voluntário no exterior, mas sentem que só podem fazê-lo se deixarem o emprego. Ou eles simplesmente querem viajar enquanto ainda são capazes de fazê-lo.

O empregador também se beneficia quando um membro de sua equipe tira um ano sabático. O empregado pode aprender um novo idioma, envolver-se com política, fazer alguns cursos para se aprimorar, como tirar um MBA, e até mesmo voltar com uma visão totalmente nova de seu trabalho após ter visto como as coisas são feitas nos países ou lugares por onde viajou. Ideias frescas têm de ser — bem — refrescadas!

Licença ilimitada — A realidade desta opção pode ser mais viável do que o título sugere à primeira vista.

Em tempos mais recentes (e alguns podem chamá-los iluminados), algumas multinacionais começaram a oferecer uma licença ilimitada aos seus funcionários. Isso significa que eles decidem quanto tempo de licença vão precisar durante o ano, período que pode levar de algumas horas a um mês, dependendo do tempo livre que necessitem, e quando pensam que podem se ausentar sem comprometer o projeto ou negócio.

O principal motivo para que essa modalidade de licença esteja sendo discutida por grandes organizações é superar o "presenteísmo": a baixa produtividade das pessoas que estão fisicamente presentes no local de trabalho, mas que por várias razões poderiam estar contribuindo de uma forma melhor.

Este tipo de política de licenças (ou a falta de política de férias) mostra aos seus empregados que você confia neles para tomarem a decisão por conta própria, e que quando o trabalho for feito, eles podem se afastar do ambiente de trabalho. Isso tem sido comparado a um *buffet all-you-can-eat* (tudo o que você pode comer). Quando é uma novidade, você come até o ponto em que não consegue mais aguentar fisicamente, mas com o tempo vai escolher apenas os pratos que quer, na quantidade que precisa.

Se você, como proprietário de uma empresa, tem a plena compreensão de tudo, desde seus funcionários até os objetivos de sua empresa, passando pelo papel que eles desempenham na organização para alcançar esses objetivos, este tipo de esquema pode ser bem-sucedido. Suponho que, até agora, o *feedback* das empresas que introduziram a licença ilimitada tem sido positivo e que não tem havido abusos no sistema.

Como já foi comentado anteriormente neste livro, conhecemos algumas pessoas que têm de 40 a 50 anos de idade que estão abandonando o trabalho devido a alguma forma de esgotamento; uma licença ilimitada é uma ótima maneira de reter esses funcionários-chave e a sabedoria deles no seu negócio, além de ajudá-los a manter o foco no futuro.

Esgotamento

O esgotamento é uma razão comum pela qual os funcionários abandonam o emprego. Não se esqueça de que sendo um disruptor, você está cobrando demais deles! Isso pode muito bem ser agravado pela constância das ideias novas, dinâmicas e criativas, possivelmente em áreas que não são seu *habitat* natural. É verdade que isso faz criar um ambiente estimulante e dinâmico para trabalhar, mas é cansativo do mesmo jeito. Será que simplesmente estamos exigindo demais dos indivíduos e de forma implacável? Existem vários tipos de esgotamento:

> **Esgotamento frenético** é a versão estereotipada definida pelos trabalhadores que não dão conta do excesso de trabalho que lhes é atribuído. Em geral, eles adotam um tom negativo e costumam reclamar de sua carga de trabalho.

Para ajudar esses indivíduos, é preciso descobrir se só eles são capazes de executar esta tarefa e o que falta para que se sintam mais valorizados. Será que eles precisam de um assistente/uma máquina mais eficiente/um orçamento maior/de *feedback*? Se eles realmente estão sobrecarregados e estiverem dispostos a sair, você, como empregador, pode ter dificuldade em substituí-los por serem vitais para a equipe. Fique alerta e esteja preparado.

Esgotamento devido a ausência de desafios: muitas vezes este nem é considerado como esgotamento pelos empregadores. Ocorre quando os funcionários claramente não sentem satisfação no trabalho.

Possivelmente não tão evidente como as outras formas de esgotamento, um membro da equipe que o enfrenta tende a "evitar de forma racional" o trabalho, distanciando-se do que considera uma experiência não gratificante. Este comportamento de nada lhe serve se quiser um engajamento total em inovação dinâmica; na verdade, é quase exatamente o oposto. Além disso, é preocupante pois pode poluir os membros mais dedicados de sua equipe e ser prejudicial para seus planos disruptivos. Motive e treine onde puder, para envolver ou mesmo voltar a envolver, mas não demore a reconhecer que você atingiu seu limite nesta situação.

Funcionários desgastados lutam com o estresse da sobrecarga de tarefas do dia a dia e, finalmente, optam por negligenciar o trabalho por causa dessas pressões. A opção sabática explicada neste capítulo pode lhe vir à mente se quiser mantê-los no longo prazo.

Estas notas são genéricas e, estou certo, parecem um pouco simplistas para os profissionais de RH. No entanto, com a inovação e disrupção no núcleo do seu desenvolvimento conceitual, a tarefa a executar e a carga de trabalho associada a ela trarão turbulência. Os membros da equipe precisam entender e absorver este conceito, e, possivelmente, as consequências pessoais que resultarão dele. Como empregador, esteja alerta para seus riscos potenciais e ajude, treine, supra onde puder — embora, em última análise, haja sempre vítimas.

Lembre-se da citação de Elon Musk: *"Aqui o fracasso é uma opção. Se as coisas não estão falhando, você não está inovando o suficiente"*. Tenho certeza de que ele não estava se referindo aos membros da equipe neste contexto; no entanto, em situações de pressão e de limite da capacidade de expansão da mente, alguma falha humana pode ter um custo que talvez não seja aparente no balanço da empresa, mas mesmo assim, é possível que tenha um grande efeito prejudicial.

Com a necessidade de crescimento, deverá aumentar a equipe; porém, contratar novos membros é uma tarefa difícil, e encontrar tempo para recrutar as pessoas certas é fundamental. Você não quer que alguém que integra a sua folha de pagamento, cujo sucesso, limitado ou não, seja uma consequência da própria falta de envolvimento.

Recrutamento

Em muitos escritórios de recrutamento de pessoal se usa a seguinte frase: *"O pássaro madrugador é quem pega a minhoca"*. No entanto, esse nem sempre é o caso no espectro motivacional, porque um funcionário insatisfeito pode enviar o seu currículo para *sites* de emprego à noite, que será escolhido por um consultor de recrutamento antes que o indivíduo vá trabalhar no dia seguinte. Assim, é provável que ele seja chamado para uma conversa e seja afastado de seu emprego atual.

Se, como é possível, o CV foi mandado durante um acesso de raiva, há uma chance de que o empregado mude de ideia quando voltar ao trabalho e decida, pelo menos por enquanto, que ele sabe qual seu papel e que uma mudança não é boa nesse ponto; ele ainda poderá avaliar se tem condições de ter uma remuneração melhor. O cenário "melhor um diabo conhecido" pode entrar em jogo aqui. A realidade, porém, é que ele só precisa virar a cabeça mais uma vez antes de sair; e você pode não querer um membro assim em sua equipe.

Traga sua equipe com você

É ótimo estar em uma viagem de descoberta, enquanto você rompe as barreiras e supera os desafios do seu projeto disruptivo. É provável que você se faça muitas cobranças e exija demais daqueles que estão ao seu redor. Lembre-se de que para eles essa jornada também é um desafio. Certifique-se de que eles o acompanham no processo. Caso contrário, poderá ser prejudicial a tudo e a todos.

Mude a comunicação

Outro ponto importante da experiência comercial que adquiri é que, ao realizar uma mudança na sua empresa, grande ou pequena, lembre-se de pensar em como esta será recebida pela equipe. Há empresas que cobram muito para administrar uma mudança empresarial; seu ingrediente mágico é a comunicação com o pessoal.

Eu sempre gostei da declaração equivocada: *"Eu lhe disse mil vezes!"* Se você não entendeu da primeira vez, tampouco vai entender das outras 999 vezes. O narrador é o problema, não o receptor, de modo que a mensagem precisa ser ajustada a fim de ser corretamente transmitida.

Diga-lhes , diga-lhes e diga-lhes novamente! E garanta que você evolui junto com eles.

Há estudos históricos bem documentados sobre as mudanças e seus efeitos: começando com a ideia de que as pessoas — a sua equipe — não gostam de mudanças, a qual provavelmente não é insensata, e, depois, viajam através de uma gama de diferentes emoções para alcançar a integração, como segue:

A Curva da Mudança de Kübler-Ross

Fonte: *Elisabeth Kübler-Ross 1973/Sobre a Morte & o Morrer.*

Embora este diagrama original seja relacionado com a morte e o morrer, muitos estudos administrativos têm utilizado este modelo em suas pesquisas.

Este processo é natural e está detalhado mais adiante. Há outros pontos de vista sobre a curva da mudança e nós adicionamos um modelo de Raymond Vernon no Capítulo Oito.

Quando você, como proprietário/gerente de um negócio, decide implementar um novo esquema/plano/inovação — como mudar de escritório, criar uma nova equipe, abrir uma filial —, deve estar preparado para as reações dos membros de sua equipe.

1º Estágio — Choque

Surpreenda ou cause um impacto no evento. Provoque comentários do tipo: *"Eu não posso acreditar que eles conseguiram fazer isso!"*

Se existem preocupações, isto é algo para ser observado e discutido. Ficar atento é fundamental para ser capaz de dissipar uma futura discórdia.

2º Estágio — Negação

"Eles não fariam isso!" Essa é a reação quando a realidade da mudança planejada atinge o alvo, mesmo que tenha sido comunicada com antecedência. É um pouco como uma subida de impostos para o próximo ano fiscal que foi anunciada pelo ministro das Finanças, 18 meses atrás. Você sabe que está tratando de cada detalhe, mas, "de repente" aparece no seu holerite. Assim como você, seus funcionários precisam de tempo para se adaptar. Nesta fase, o que eles precisam é de informação para entender

o que está acontecendo, e saber como obter ajuda e orientação, se necessário.

Esta é uma fase crítica para a comunicação. Comunique-se frequentemente com sua equipe, mas não a sobrecarregue com esclarecimentos. Os funcionários precisam saber para onde se dirigir de modo a obter mais informações, assim, esteja disponível para responder a quaisquer perguntas que surgirem. *Você* pode ter muito conhecimento sobre o assunto, mas se não conseguir transmiti-lo, terá um problema.

3° Estágio — Resistência (raiva, culpa, atitude defensiva, frustração... todas tendo você como alvo, por ser o chefe!)

"*Não farei isso de jeito nenhum!*" Quando seus funcionários começarem a reagir à mudança, talvez comecem a sentir preocupação, raiva, ressentimento ou medo, em especial se envolver uma transferência do escritório para um novo local. A resistência à mudança pode ser ativa ou passiva. Eles podem sentir a necessidade de expressar seus sentimentos e suas preocupações, e desabafar a raiva com você ou com outras pessoas. Este pode ser um momento crítico, porque é aí que você começa a perceber a intenção do seu pessoal-chave de se demitir, se não os trouxe com você desde o princípio do processo.

4° Estágio — Depressão

"*Isso é um desastre!*" Em qualquer empresa, esta fase é uma zona de perigo. Se for mal administrada, a organização ou o projeto podem entrar em crise.

Como seria de se esperar, esse estágio precisa de um planejamento cuidadoso. Prepare-se e tente prever cuidadosamente o impacto disso e as objeções que as pessoas poderão ter, e se esforce para resolvê-los *antes* que aconteçam.

Reclamações, ameaças de pedir demissão...

Certifique-se de abordá-las logo, através de uma comunicação clara e acolhedora, além de tomar medidas para minimizar e mitigar os problemas pelos quais as pessoas vão passar. Como as reações em relação à mudança são muito pessoais e podem ser profundamente emocionais, é impossível antecipar-se a cada reação possível. Assim, ouça e observe cuidadosamente durante esta fase (ou crie mecanismos para ajudar a fazê-lo), de modo a poder responder ao inesperado.

5º Estágio —Testar, transição, desapegar

Este é o ponto de viragem decisivo para os indivíduos e para a organização. Ao atingir esse estágio, a organização começa a sair da zona de perigo e suas mudanças estão a caminho do sucesso.

Individualmente, como a aceitação das pessoas cresce, é preciso testar e explorar o que essa mudança significa. Um apoio pode facilitar esse estágio, mas às vezes é só uma questão de dar um tempo para passar para o próximo.

6º Estágio — Decisão, compreensão (uma boa dose de otimismo e algumas ideias)

Como você é a pessoa que está administrando a mudança, fundamente essa fase treinando bem as pessoas e dê-lhes oportunidades para vivenciar mais cedo o que as mudanças lhes trarão.

Atenção! Esse estágio é vital para a aprendizagem e aceitação, e leva tempo; como tal, não espere que as pessoas sejam plenamente produtivas logo no início. Faça um plano de contingência para que elas possam aprender e explorar sem muita pressão.

7º Estágio — Integração, aceitação (comprometimento, entusiasmo, confiança)

Esse é o estágio que você estava esperando! É o começo da integração das mudanças de modo que pareçam naturais e da adaptação das melhorias aos métodos de trabalho de cada um.

Como é você que está gerindo todo o processo, vai finalmente começar a ver seu trabalho duro render benefícios. Sua equipe ou organização começa a tornar-se produtiva e eficiente e os efeitos positivos da mudança tornar-se-ão aparentes.

Comemoração

Essa parte de qualquer projeto, grande ou pequeno, é fundamental.

Enquanto você está ocupado contando os benefícios, não se esqueça de comemorar o sucesso! A viagem pode ter sido acidentada, aliás, estava *previsto* que seria assim. Certamente, deve ter sido no mínimo desconfortável para algumas pessoas envolvidas, que viram toda a sua rotina ser desfeita, testada, desafiada e depois reconstruída de forma diferente. É um processo grande, mas desafiador, não só para o conceito em si, mas para as pessoas envolvidas. Reconheça o mérito de sua equipe: todo mundo merece compartilhar o sucesso. Além do mais, com a celebração da conquista, você estabelece uma trajetória de sucesso que vai tornar as coisas mais fáceis da próxima vez que uma mudança for necessária. Esta é uma ótima maneira de cimentar a realização do Estágio 7 e o processo de mudança.

Lembre-se da Revolução Francesa. "Que comam brioches" na realidade de uma comemoração moderna pode ser uma boa ideia, mas se estiver dando errado e sua equipe revoltada acreditar que você está pensando como a Maria Antonieta, você pode ir parar na fila da Madame Guilhotina.

Capítulo Sete: Emoção

Emoção: *sentimento instintivo ou intuitivo, que se contrapõe ao raciocínio e ao conhecimento.*

Para mim, a emoção sentida durante o processo de inovação e de gestão de projetos empreendida para fazer o nosso produto funcionar foi um dos custos reais do projeto. Não tenho a certeza se a palavra montanha-russa consiga refletir de perto o caos de emoções pelas quais você vai passar... reiteradamente. Angústia, prazer, raiva, melancolia, medo, confusão, euforia, excitação; todos fazem parte de um bom projeto, você só precisa apertar o cinto de segurança e se agarrar! De todas as definições dadas no início de cada capítulo, talvez essa corra o maior risco de ser negligenciada e, no entanto, é provavelmente a mais importante na preparação de um grande conceito até seu fornecimento.

Julgar-se preparado é bom. Estar preparado é outra coisa completamente diferente. É também muito importante alertar seus entes queridos sobre a jornada em que está prestes a embarcar. Em breve você consumirá uma quantidade fenomenal de paixão em algo que não tem nada a ver com eles. Eles precisam entender seus motivos, sua finalidade, a tarefa (juntamente com as longas horas que exigirá) e o que ela significa para você.

Por outro lado, em última instância, deixe algo reservado para *eles*. Esperar por uma recompensa é a forma que os aproxima do seu projeto, podendo mesmo vir a apoiá-lo; faz parte da natureza humana. Portanto, antes de ler este capítulo, responda a seguinte pergunta: *Qual é sua motivação?*

Se ainda não sabe, descubra antes de começar. Do contrário, você não sentirá nenhuma paixão interior.

As emoções são profundas

Você sente muitas emoções durante todos os dias de sua vida. Aquelas vivenciadas em casa e no trabalho podem ser bem diferentes umas das outras. Não é fácil tentar traçar o futuro caminho das possíveis emoções. Prepare-se para todas! Muitas delas são básicas, como a ganância, o medo, o amor, o ego, e você pode adivinhar que existem inúmeras gradações intermediárias. Uma coisa é certa, você deve ter alguma ambição para ter tomado a iniciativa de começar o seu próprio negócio no passado e estar começando uma jornada de disrupção agora.

Se você parar para lembrar de quando começou sua primeira empresa, possivelmente a única, conseguiria evocar a emoção primordial que o empurrou para dar o impulso e começar? Tenho a certeza de que para você, naquela época, isso representou uma grande proeza; certamente o foi para mim. Lembro-me de que foi um momento de muita ansiedade, motivado em grande parte pelo medo do futuro. Para mim, a ideia de continuar sendo um funcionário basicamente medíocre foi o que me motivou. Não foi o dinheiro que eu poderia ganhar como empresário que me estimulou; eram os grilhões da gerência de nível intermediário que me limitavam e que eu sentia serem tão inúteis.

O desconhecido estava acenando para mim, e muitas vezes penso que isso tenha sido um elemento motivador. É inspirador que algo tão restritivo e profundamente negativo para mim então, ou seja, ser "medíocre", tenha me levado, com a ajuda da minha família, a fazer algo tão positivo, que se tornou um farol de estabilidade e confiabilidade por mais de uma década. Mas por que parar agora? O que antes era desconhecido pode, por si só, dar-me uma cobertura confortável. Uma década depois, você poderia estar promovendo a própria "mediania" que pretendia evitar. É possível que agora não fosse tão negativa, mas provavelmente seria restritiva no longo prazo.

Neste momento, qual a *sua* motivação? Você já parou para pensar sobre isso? Muitas pessoas sentem que não precisam de disrupção alguma, nem de fazer uma mudança. No entanto, a apatia pode por si só ser um desafio para o seu negócio. Você ainda se importa? Você, que depositou amor, mesmo paixão, na estrutura de sua empresa, será que ainda a ama? É muito cômodo agora, mas todas as manhãs você ainda se sente entusiasmado; ou, como nos tempos em que era empregado, vai para o trabalho, fatura e volta para casa... com o dever cumprido?

Responda ao seguinte:

• Se pudesse mudar alguma coisa em sua empresa, o que seria?

• O que o está impedindo?

• Você poderia optar por fazer esta mudança agora, mesmo se fosse apenas para seu próprio bem-estar?

• Qual foi a maior conquista de sua empresa, além de entrar em funcionamento?

• Como você comemorou?

• Quando será a próxima vez que o fará?

Não consegue responder facilmente a essas perguntas? Você já deve saber qual o lugar que ocupa. Faça o que fizer, sacuda a árvore do seu negócio e veja o que cai.

Um desenvolvimento natural através de alguns anos inábeis de crescimento

Recentemente, apesar de o nosso negócio principal ter obtido no final de cada ano civil uma renda de sucesso e um crescimento de um dígito, nos sentimos frustrados pois nossos resultados eram insuficientes em relação aos esforços empregados. Talvez uma memória corporativa venha a me corrigir no futuro e esse sentimento seja identificado como um processo natural de dores de crescimento empresarial.

Ao rever esta posição, ficamos satisfeitos com o progresso e percebemos que esses anos "de dureza" foram necessários para haver um crescimento contínuo e uma maior rentabilidade em tempos futuros. Referimo-nos à primeira década como o *ato de aquecimento*. Reinvestir em seu negócio pode parecer pouco natural quando este está funcionando bem e já estabelecido, mas é necessário se quiser maiores dividendos mais tarde.

Você pode sentir que esse sentimento positivo é bem-vindo — mas por onde começar?

Por que não começar por você mesmo? É, muitas vezes, um excelente ponto de partida, mas esteja ciente de que pode haver alguns vieses cognitivos que desafiam suas decisões. Estou muito contente por ter sido autorizado a reproduzir o seguinte documento publicado pelo *site Business Insider: 20 vieses cognitivos que atrapalham suas decisões*, que pode ajudá-lo no seu planejamento e na sua atual linha de raciocínio. Para mim, o diagrama demonstra os desafios que enfrentamos nos processos da tomada de decisão empresarial.

20 vieses cognitivos que atrapalham suas decisões

Viés da âncora

As pessoas tendem a confiar na primeira informação recebida. P. ex., numa negociação salarial, quem fizer a primeira oferta vai influenciar os outros em relação ao limite do salário a ser acordado.

Disponibilidade heurística

As pessoas **valorizam muito** a informação que lhes está disponível. Podem alegar que fumar não é perigoso pois havia um homem que fumava três maços por dia e viveu 100 anos.

Efeito adesão

Quanto mais pessoas adotam uma crença, maior o poder de influenciar outras. Forma poderosa de **pensamento de grupo**, é a razão pela qual muitas vezes reuniões não são produtivas.

Viés do ponto cego

Falhar em reconhecer seus vieses cognitivos é um viés em si. As pessoas reconhecem os vieses cognitivos e motivacionais nos outros muito mais vezes do que em si mesmas.

Viés do suporte de escolha

Quando fazemos uma escolha, tendemos a nos sentir positivos em relação a ela, mesmo que contenha **falhas**. Como quando você ama seu cachorro mesmo que ele morda os outros.

Ilusão de massa

Tendência de **ver um padrão em eventos aleatórios**. É a chave de muitas falácias de jogos de azar, como a ideia da chance de, na roleta, o vermelho ganhar depois de várias rodadas saindo o vermelho.

Viés da confirmação

Tendência para prestar atenção apenas àquilo que confirma a nossa **percepção das coisas** – essa é, entre outras, uma razão pela qual é difícil manter conversas racionais sobre o clima.

Viés do conservadorismo

Não se importar com novas evidências, por preferir ideias já enraizadas. P. ex., **o homem demorou a aceitar** que a Terra era redonda por acreditar desde sempre que o planeta era plano.

Viés da informação

Procurar informações quando essas não afetam as ações. O excesso de dados nem sempre é bom. Com menos dados, podemos fazer predições mais precisas.

Efeito avestruz

Ato de **ignorar dados negativos ou perigosos**, escondendo a cabeça na terra. Pesquisas indicam que os investidores verificam o valor de suas ações menos vezes quando o mercado está em baixa.

Viés do resultado

Tomar uma decisão com base no **resultado** e não na forma como foi tomada. Apostar seu dinheiro num cassino em Las Vegas não será inteligente só porque ganhou dinheiro uma vez.

Superconfiança

Alguns **confiam muito em suas habilidades**, o que os leva a assumir riscos maiores em sua vida diária. Especialistas são mais propensos a esse viés do que leigos, visto estarem mais convencidos de que estão certos.

Efeito placebo

A **simples crença** de que algo terá um efeito pode causar de fato um efeito. Em medicina, pílulas que não contêm droga nenhuma muitas vezes provocam as mesmas respostas fisiológicas do que a droga real.

Viés pró-inovação

Acontece quando o proponente de uma inovação **supervaloriza sua utilidade** e desvaloriza suas limitações. Isso soa familiar, Silicon Valley?

Recência

Tendência a dar mais importância à **última informação** do que às anteriores. Investidores muitas vezes pensam que o mercado estará sempre como está hoje e por isso tomam más decisões.

Saliência

Concentrar-se naquilo que é **mais visível** numa pessoa ou conceito. P. ex., quando se pensa na morte, pode-se temer mais ser desfigurado por um leão do que ter um acidente de carro, como é mais provável.

Percepção seletiva

Quando expectativas **influenciam a nossa percepção** do mundo. Um ensaio envolvendo um jogo de futebol entre duas escolas mostrou que cada time pensava que o opositor tinha cometido mais faltas.

Estereotipagem

Crer que certas pessoas ou grupos tenham determinados traços sem conhecê-los. No dia a dia, os estereótipos ajudam a identificar amigos e inimigos mais rápido, mas as pessoas tendem a **abusar deles**.

Viés da sobrevivência

Olhar apenas o exemplo de sobreviventes nos faz **avaliar de forma errada uma situação**. P. ex., podemos pensar que a vida é fácil para empreendedores pois não se ouve falar nos que falham, apenas nos bem-sucedidos.

Viés do risco zero

Sociólogos descobriram que os seres humanos **amam a segurança**, mesmo quando essa é contraproducente. Eliminar o risco significa que não há chance de haver danos.

Fontes: Brain Biases; Ethics Unwrapped; Harvard Magazine; HowStuffWorks; LearnVest; Outcome bias in decision evaluation; Journal of Personality and Social Psychology Bulletin; The Cognitive Effects of Mass Comunication, Theory and Recharch in Mass Comunications; The less-is-more effect: Predictions and tests, Judgements and Decision Making; The New York Times; The Wall Street Journal; Wikipedia; You Are Not So Smart; ZhurnalyWiki.

Dúvida

A dúvida é um companheiro comum da inovação e disrupção. Não sei bem o porquê; talvez pelo fato de a criatividade expandir a mente. O que eu *sei* é que é frequente perdermos o sono quando a mente está ligada, girando sem parar e indagando-se se as nossas ideias darão certo.

Originalmente, eu não havia incluído a palavra *dúvida* neste livro porque, em princípio, ela estava totalmente fora de questão, uma vez que os conceitos com que eu estava envolvido em relação à criação de nossa própria empresa tinham sido adotados com muita confiança. Seu significado, de acordo com o que o dicionário sugere é "*estar indeciso ou incerto, considerar questionável ou improvável, hesitar em acreditar*". Com estas definições anotadas, acho que a dúvida deve ser considerada, porque isso é exatamente o que você está fazendo: tomar o que é incerto... e depois fazê-lo acontecer.

Da próxima vez que você não conseguir dormir à noite, sentindo-se inseguro com o que realmente está acontecendo, saiba que está tudo certo. A dúvida é sua companheira nesta jornada, apresentando-lhe novas soluções e desafiando as convenções. Mas quando ela o visitar às 03h07 da madrugada e você chegar a uma solução possível, não se esqueça de anotá-la no bloco que deve estar sempre sobre o seu criado-mudo. Você não vai se lembrar de todos os seus vários aspectos pela manhã.

Uma viagem à "rua da amargura"

Ocasionalmente, a dúvida em si só será um interlúdio curto; você vai superá-la rapidamente quando estiver a caminho de experimentar a frustração e viajando, eventualmente, rumo ao que chamo de "rua da amargura". Esse é o lugar onde você se encontra quando as coisas sugam o que você tem de melhor e começam a esmagá-lo antes de chegar ao sucesso. A negatividade, a distração e o medo podem ser encontrados aqui e vão imobilizá-lo se você o permitir.

Nunca perca de vista a porta de saída. Eu não sinto que sofrer um revés durante um projeto ou processo de disrupção seja ruim. Na verdade, esse pode se transformar em algo positivo porque testa a determinação e até mesmo a compreensão. Um contratempo faz com que você se pergunte por que algo não está dando certo. Ele vai perturbar não só você, mas também os outros. Porém, ser capaz de reconhecer e recuar desta posição é vital, caso contrário um revés pode se tornar um grande destruidor.

A inovação, ruptura e mudança são desafiantes. A definição do verbo *mudar* é *"fazer ou tornar-se diferente"*. E você sabe que isso não vai acontecer se não houver um pouco de dor, insegurança e um ocasional ranger de dentes.

Pessoalmente posso considerar esse lado obscuro gratificante, pois ele o leva a enxergar as coisas de forma diferente; de modo negativo, mas mesmo assim, diferente. É melhor questionar-se de forma robusta do que permitir que alguém o faça por você com o maior prazer! Esta é uma força que deve ser envolvida. É melhor que você mesmo descubra as falhas, inconsistências e problemas do que outros o façam em público após o lançamento de sua nova oferta. Você não acertará de primeira. Se sua inovação for **real**, nada poderá ir contra ela. Construa, produza e ajuste — sua jornada não termina na produção. Isso é apenas o começo.

Assim como você passou pela dúvida numa velocidade acelerada, também precisa ser rápido ao cruzar a "rua da amargura" e sair do outro lado, usando a própria experiência para influenciar seus planos de modo positivo. A definição do substantivo *mudança* é *"um ato ou processo pelo qual algo se torna diferente"*. Bem, essa definição tem tudo a ver com você! Apenas certifique-se de que você conhece o percurso de sua viagem agora e no futuro; parar pode ser tóxico — saiba que haverá estágios difíceis ao longo do caminho e acima de tudo, esteja preparado para empreender essa viagem. Valerá a pena.

Claro que haverá momentos em que você não vai se conformar com algo que aconteceu, ou não, ou com algum ponto que foi perdido — ou, ou, ou! Você é capaz de ficar tão concentrado na tela do seu computador que pode acabar perdendo o foco do que realmente pretende alcançar. Compreendo que, enquanto lê esta página, essa ideia passa por você de forma despreocupada; acredite em mim, quando enfrentar o problema de verdade não será assim. A menos que o consiga isolar e ver objetivamente, você vai achar que é preciso muito mais tempo para resolver o assunto do que para o ler.

Em décadas passadas, você teria deixado sua mesa neste momento para fazer uma pausa e fumar um cigarro. Nesse novo mundo politicamente correto e saudável, este é um hábito desagradável. Mesmo as novas modalidades de cigarro a vapor são malvistas, embora isto em si já seja uma inovação. Uma ida à academia depois do trabalho e correr na esteira durante vinte minutos ou cruzar a piscina local nadando vinte vezes é uma excelente, senão a melhor, maneira de livrar-se de aborrecimentos. Eu costumo brincar que isso faz espalhar o colesterol pelo seu corpo um pouco mais, mas a realidade é que ajuda a mente a buscar soluções. Muitas vezes é melhor espairecer antes de ir para casa, em vez de descarregar naqueles que você ama.

Gostaria de tirar uma soneca?

Deixamos o projeto "quieto" durante vinte e quatro horas, com o objetivo de amadurecer efetivamente qualquer resposta ou ação necessária. O projeto e eu nos beneficiamos com isso. Reserve um tempo em seu modelo de planejamento para poder fazê-lo também. Aquele dia extra tem um grande valor, desde que você disponha de tempo, e eu sei por experiência própria que esse nem sempre é o caso.

Rumi, poeta e teólogo do século XIII, tem duas citações que o ajudarão a encontrar a saída, se necessário. São elas:

> *"O que você busca está buscando você"*

e também,

> *"Pare de agir tão pequeno. Você é o universo em movimento extático"*

Sábias palavras, de fato. Se luta para entrar e sair do lado negro/rua da amargura, seja lá como quiser chamá-lo, comunique o fato a outras pessoas do projeto e mobilize-as para que o retirem desse lugar. Não é só a glória que tem de ser compartilhada: a dor também. Da mesma forma, você sabe quando retirar os outros das próprias dificuldades, por isso não é insensato pedir o mesmo a eles.

Bem-estar pessoal

Espero que ainda esteja comprometido com seu negócio e sua inovação, tanto na mente quanto no espírito. Atitude é tudo. Sem envolvimento, espírito, dinamismo, determinação *e* prazer não vai acontecer. Se não gosta do que faz, os dias se arrastam. Eu sei que estou comprometido e, como estou prestes a atingir a idade de 50 anos, sinto-me muito satisfeito por ter mantido o entusiasmo pelo negócio, mesmo após estes intensos anos revolucionários.

Quando você está totalmente imerso nas necessidades e exigências empresariais, é fácil esquecer-se do seu próprio bem-estar pessoal, preparo físico, da saúde e da família. Quando a recessão irrompeu e enquanto ela serpenteava através da desaceleração da economia global, muitos empresários, para superarem essas águas agitadas e encontrarem um porto seguro, precisaram confiar na determinação pessoal e ousar para orientar o negócio que tinham criado. Parabéns a eles, mas foi um desafio e exigiu uma forma totalmente diferente de pensar. Uma vez que você adquire essa mentalidade, é muito fácil não se deixar abalar e esquecer de relaxar de vez em quando... se o negócio e os lucros permitirem, é claro!

Acompanhe a economia e os negócios do mercado mutantes e adote a mudança e a oportunidade quando disponíveis, gerindo-os de acordo. Como uma recomendação por cautela, após a recessão, alguns CEOs americanos tiveram de ser treinados novamente, para aprender a não mais cortar custos e para terem o foco redirecionado no sentido de reinvestir de forma mais positiva, visando crescer e construir seus respectivos negócios novamente.

O *site* TechWhirl.com, em sua edição de novembro de 2014, apresentou um artigo sobre isso elaborado pela LavaCon Perspectives: ***Stop Cutting Costs. Start Enhancing Revenu****e* (em tradução livre: *Pare de Reduzir Custos. Comece a Reforçar os Lucros*). Vale a pena ler para considerar os problemas fundamentais que podem ser gerados usando apenas a estratégia de cortar os custos.

A Revista ***Harvard Business Review*** tratou desse tema em setembro de 2014, no artigo ***Profits without Prosperity*** (*Lucros sem Prosperidade*), escrito por William Lazonick, cuja leitura também se recomenda.

Perdendo o fôlego

Perder o folego é um problema real que precisa ser monitorado quando a sua inovação vier à tona. Você está sendo desafiado o tempo todo e isso já em si é um... desafio. Planejar um projeto leva tempo de qualquer forma, e o processo é muito mais fácil quando há um caminho bem definido, com pouca inovação conceitual. Quando se está inovando, há pouco ou nenhum caminho a seguir, o que cria uma pressão extra... e emoção! Ninguém jamais construiu o que você está construindo, e sua investigação pode empurrá-lo para uma linha específica, mas você ainda é o quebra-gelo navegando em um mar de negócios congelado, criando um canal pelo qual outros vão seguir. O mais provável é que eles já estejam observando-o, se ainda não o tiverem alcançado, na esperança de ultrapassá-lo — mas você continua sendo o novo formador de mercado.

Esteja ciente deste potencial fardo adicional e construa reservas pessoais extras para a jornada, que permitam a você e a seus colegas lidarem com os impasses e premissas erradas que possam ocorrer. Estes são tempos de inspiração emocionantes. Aproveite-se deles por todos os meios, mas sempre mantenha disponível uma energia extra. Os dois anos que a equipe e eu temos trabalhado no desenvolvimento, nos testes, no lançamento e o primeiro ano do programa do nosso projeto têm sido os mais estressantes de nossas vidas. Em muitos casos, é estressante de uma forma positiva — mas ainda assim, estressante.

A resposta está no passado

Compreendo que este subtítulo é contrário ao do Capítulo Quatro, Construção: *A resposta não está no passado — olhe para a frente!* Mas uma observação, ou mesmo uma solução do passado, pode ser uma alternativa.

Fazer aparecer uma boa ideia ou aplicação de negócio capaz de ganhar força para inovar a estrutura de sua empresa não é a mais fácil das coisas. Se fosse, estaríamos todos fazendo isso. Bem, mas não é. Você é um desbravador.

A criatividade e a inovação são duas coisas muito diferentes. Após a imaginação passar pela criatividade, *inovar* é algo que não vem naturalmente para muitos de nós. Procurar uma nova solução pode não ser o caminho mais fácil para o sucesso. Nós, muitas vezes, consideramos o que aconteceu no passado para que nos sirva de guia em relação àquilo que poderíamos alcançar no futuro. Como líder empresarial, você terá se frustrado com os progressos comerciais obtidos. Esses "pontos de aperto", como eu os chamo, são questões que não deveriam fazer parte do seu negócio, mas eles existem e diminuem a velocidade de produção, a inovação e o sucesso. Se puder, pense neles como uma oportunidade desafiadora e não como um problema persistente.

O óleo lubrificante WD-40 foi inventado por Norman Larsen em 1953. O "40" integra o nome do produto pois foi a quadragésima tentativa de Larsen para aperfeiçoar e criar a sua solução de deslocamento de água. Assim, quando *você* chegar a um "ponto de aperto" e começar sua busca por uma solução ideal, não perca a fé na sua inovação. Pode haver necessidade de muitas tentativas antes de chegar à perfeição.

Voltando ao assunto, enigmas e desafios são quase em si mesmos uma disrupção que você está procurando — mas possivelmente não da maneira correta. Como pode essa posição negativa transformar-se em um resultado positivo e rentável? Talvez já tenha superado esses problemas imediatos até este momento — mas eles continuam presos à sua mente e você deve ficar alerta para garantir que não aparecerão de novo.

Então, o que causou esses problemas? Foi você, ou o sistema? Se foi o sistema, como você pode dinamizá-lo para o futuro? E, se o conseguisse, qual seria seu resultado potencial? Se pudesse criar uma solução alternativa para a situação, o que incluiria no seu plano, ou dele excluiria, para centralizar uma nova solução? Esta ideia ou solução, então, poderia ser comercializada por você, seus colegas, sua empresa, sua indústria ou profissão, e depois ser utilizada para reverter a situação?

Pense nisso. Olhando para trás, para o conhecimento e a experiência adquiridos no passado, poderá encontrar o ponto de partida para o caminho a seguir. Para nós, de certa forma funcionou. Sentimos que o processo de aconselhamento presencial da nossa indústria estava um pouco desarticulado e exigia mão de obra intensiva. Essa situação tem sido dominante no Reino Unido, no fornecimento de aconselhamento, por décadas sem desafios. No entanto, uma tecnologia adequada raramente tem sido aplicada ao processo para criar uma alternativa. Muitas pessoas argumentam que os serviços financeiros são basicamente negócios que envolvem pessoas e relacionamentos; não estou convencido de que este modelo será a única opção real no futuro. Com a evolução da tecnologia e, especialmente, a *FinTech*, a demanda por soluções à distância continua a crescer. O novo conceito se adapta bem a custos mais baixos de aconselhamento e implementação ao usuário final. Isso também é interessante na produção de grandes volumes e para uma participação maior no mercado.

Em comparação com a nossa oferta principal, que era mais técnica, possivelmente mais "pesada", introduzimos em nossa nova proposta conceitos mais leves, tanto no estilo de linguagem quanto no processo gráfico, incluindo suas cores e ideias. Gostei dessa modificação e a testei em um grupo de pessoas de uma empresa local com quem trabalhávamos. Nós já havíamos nos oferecido para testar novas ideias deles, se pedissem. Sermos chamados de "público em geral" em função de nossa opinião e competência técnica é inestimável.

Pense sobre isso quando planejar uma estratégia para sua nova oferta. Quais os observadores neutros independentes que poderiam ajudá-lo como provadores e críticos amigáveis?

O último impulso pessoal?

Pessoalmente, sinto medo da idade avançando. Enquanto escrevo estas palavras, tenho 48 anos. Ainda sinto o fogo interno para conduzir, perturbar e inovar nosso negócio. Esta determinação é um poderoso aliado para crescer, criar, inspirando a mim e aos outros para fornecer o nosso produto. Temo que no prazo de cinco anos, eu não terei esse desejo energizante e agradável, e, quando esse momento chegar, poderei ignorar a maior parte dos meus próprios bons conselhos deste livro e só terei vontade de deslizar ladeira abaixo em direção ao meu futuro. Sinta-se livre para me lembrar disto dentro de cinco ou seis anos. Eu reconheço que só o tempo dirá se o trabalho que realizamos foi satisfatório.

Por outro lado, sei neste momento de revolução e de evolução de negócios reais que eu não realizei tudo o que acredito que poderia conseguir, nem atingi as alturas às quais aspiro. Assustador e emocionante ao mesmo tempo, com tarefas desafiadoras à minha frente, para mim é isso que significa inovação. Como você vai ver, nós plantamos algumas sementes através do processo de inovação e disrupção em nosso negócio *online*, para contribuir com este alvo em um prazo de seis anos ou mais.

Você acha que poderia fazer mais? Já parou de se perguntar "e se?" Você já está aceitando aquilo em que a sua vida profissional se transformou? Para mim e para a maioria da minha equipe, estes últimos dois anos têm sido extenuantes, pois trabalhamos no nosso projeto inovador ao mesmo tempo que continuamos suprindo as exigências do nosso negócio principal. Ao estabelecer as bases de seus novos planos, em paralelo ao seu negócio principal ou como uma entidade separada, é preciso mapear, desafiar, integrar, gerar e implementar — e, se for como no nosso caso, fazer com que o negócio principal dê apoio à inovação.

Eu, pessoalmente, prosperei por causa disso. O *timing* deste impulso criativo tem sido fundamental para criar uma imagem corporativa e alcançar novas alturas no momento em que o hipotético prazo de cinco anos está se esgotando. Aqui não há uma lógica comercial real, mas acho que é útil definir parâmetros pessoais como estes, para que possamos dizer se cada ponto está sendo cumprido no tempo correto.

Isso não significa que meus colegas e eu estaremos acabados aos 55 anos de idade. Provavelmente vamos sentir que estamos apenas começando e que nossos melhores anos ainda estão por vir. No entanto, quero que nossa nova proposta esteja completa, desenvolvida, lançada, evoluída e amadurecida nessa altura do campeonato. Isso é pedir muito, mas se nos concentrarmos e mantivermos a paixão, somos capazes de fazê-lo.

Uma vez que *meus* desafios pessoais foram mencionados, quais são os seus? Qual é a sua inovação e em que momento atingirá a maturidade? Você precisa saber disso para obter os resultados que pretende.

Capítulo Oito: Disrupção

Disrupção: *perturbação ou problemas que interrompem um evento, uma atividade ou um processo.*

Escrever sobre a disrupção é um desafio — porque é disruptivo! A disrupção não respeita barreiras, regras nem orientações. É incontrolável e problemática, mas ao mesmo tempo alegre, até mesmo efervescente, por sua potencialidade transformadora. Este capítulo foi difícil de escrever, e pode ser um desafio lê-lo. Não peço desculpas por isso, porque ele estará desafiando-*o* a fazer a diferença, como nós fizemos.

Na minha própria jornada de descoberta, tenho deixado algumas pessoas aborrecidas. Sinto orgulho disso — não porque sinto prazer em aborrecer as pessoas, mas porque se o meu projeto está causando tanta consternação, ele deve estar sendo visto como uma ameaça, o que por si só valida o seu potencial. Nós criamos uma oportunidade de perturbar o negócio deles. Isso não estava na nossa agenda no início, embora a turbulência do modelo-padrão certamente tenha sido um foco central. Seria justo dizer que os dois são a mesma coisa. Observando nossos colegas, alguns se engajaram de forma positiva e, é claro, alguns se afastaram; mesmo a mídia especializada na nossa indústria notou a potencial influência perturbadora da nossa inovação.

Quando você depara com novos desafios, nunca enfrentados por ninguém ou que nunca lhe foram apresentados e consegue superá-los, você alcança um novo patamar de satisfação e sabedoria em sua vida profissional. Daí vem a responsabilidade. Isso não é nada novo, é claro. Mas também oferece a oportunidade para se ter novas ideias, utilizando técnicas modernas para perturbar os modelos tradicionais com o objetivo de obter vantagens futuras.

A evolução em termos reais continua sendo uma ideia controversa para algumas pessoas. No entanto, nos negócios, deve ser abraçada de forma positiva. Você pode preferir chamar esse processo de *adaptação*, e isso é bom. Pode-se tratar de uma inovação ou mesmo uma disrupção. Elas são tudo de bom!

O conceito de revirar o passado não é novo. Esse tem sido defendido com frequência há muito tempo, e existem alguns livros importantes sobre o assunto para ajudar a inspirá-lo. Um livro que eu li há alguns anos, escrito por Peter Sheahan, é o *"Flip: How to Turn Everything You Know on Its Head"* (em tradução livre: *A virada: como virar tudo o que você sabe pelo avesso*). Vale a pena ler, se tiver oportunidade.

Como o título sugere, Sheahan avalia os negócios e a oportunidade de virá-los do avesso e ver o que acontece. Possivelmente um dos primeiros disruptores da era empresarial moderna, o livro foi publicado em 2007 na Austrália, num momento em que a Internet e as mídias sociais ainda estavam em sua infância. Usando o princípio da disrupção, gostaria de saber como seu conteúdo seria visto agora se fosse atualizado com os avanços da tecnologia alcançados desde então, além do que parece propenso a acontecer nos próximos anos. Como Sheahan sugere no texto de abertura, é tudo sobre "... *aventure-se e assuma o risco. Mantenha a calma!*"

O Disruptor

Recentemente escrevi um artigo para o *site* Citywire.co.uk sobre o tema da disrupção. Ele foi publicado sob o título "*O Disruptor*". Que emoção ser citado pelo Citywire como o homem que está agitando a minha profissão para catapultá-la ao século XXI. Isso é um verdadeiro elogio. De repente, tive a impressão de que as noites escuras de novembro de 2015, quando escrevi o artigo e continuei a desenvolver o projeto, tinham valido a pena.

Você, sendo um disruptor muito necessário no seu setor de negócio, gostaria de fazer a mesma coisa em sua área de especialização: quebrar os princípios e regras enquanto seu setor emerge para a Quarta Revolução Industrial?

Não pare nunca

Para mim, uma das questões mais importantes é o ritmo da mudança. "Não pare nunca" está se tornando um novo mantra, porque é fácil acomodar-se no processo disruptivo e ficar maravilhado com o que está sendo alcançado; mas para mim é aí que a disrupção para. Essa é a hora de agarrar seu casaco virtual e sair em busca da *próxima* fase: a do desenvolvimento ou da disrupção. Esteja preparado para tudo e para nada. Roma não foi construída em um dia, e na vida real você precisa estar ciente do acúmulo de pequenos ganhos enquanto segue continuamente em frente.

Deixe-me dar um exemplo. Oferecer bons conselhos nos serviços financeiros invariavelmente tem girado em torno de questionar, compreender, sentir-se na pele do cliente, desafiar opiniões, atitudes, perguntando sempre *por quê?* — e, então, você continua desafiando até descobrir as necessidades reais subjacentes e os objetivos dos clientes. E, em ambos os cenários de aconselhamento e disrupção, se você parar cedo demais é improvável que alcance respostas reais.

Ao planejar seu caminho com cuidado, mas sem fim prédeterminado, será conduzido à melhor solução possível. O resultado evoluirá na sua frente, através de uma viagem partilhada, e não será você a decidir quando o projeto chegará ao fim natural... o próprio projeto lhe dirá.

Certifique-se de que sua nova oferta, virtual ou física, é a melhor que pode oferecer, ou atrase qualquer lançamento até que esteja pronto para o escrutínio. O desejo de empurrar para a frente, de desenvolver, aprimorar, está sempre lá, mas se mantiver a objetividade, vai simplesmente saber quando é a hora certa de lançar.

Minha paixão em inovar me deixa muito orgulhoso, e acho que ela me transformou numa pessoa melhor. Essa paixão tem desafiado o meu pensamento obstinado habitual para fazer as coisas acontecerem. Com a tecnologia e métodos novos, esse já não tem de ser o caso. É o momento certo para perturbar quem quer que você seja, afastar-se da multidão, olhar para onde ela está se dirigindo e perguntar *por que foi essa a direção escolhida? Por que eles? Será que essa rota é eficiente?* Você começa a perceber que, se a multidão agisse da mesma maneira que você, iria achar as coisas muito mais simples, rápidas, eficientes, baratas — e melhores.

Mais importante, como é que você vai perturbar seus próprios métodos de negócio e o de seus concorrentes? Eu o incito a abandonar a multidão agora. Como direi no final deste livro, ninguém vai lhe agradecer por ter virado de cabeça para baixo o mundo deles. Muito pelo contrário, haverá aqueles propensos a pedir-lhe satisfação pelo fato de você estar perturbando o sistema que os tem servido tão bem durante anos. Bem, o sistema, assim como o pensamento deles, está cansado — e isso não vai impedi-lo de fazer a mudança acontecer.

Para olhar esta posição de uma outra forma mais positiva, leia abaixo uma citação de Ronald Reagan:

> *"Não há limite para a quantidade de bem que você pode fazer se não se importar com quem fica com o crédito."*

Compreendo que você se importa com quem recebe o crédito, mas ele também disse:

> *"Não há grandes limites para o crescimento, porque não há limites para a inteligência humana, a imaginação e a admiração."*

A verdadeira disrupção é um lugar solitário para se estar, mas pensar de forma diferente do resto da multidão sempre o foi. E se você for um defensor da inovação e disrupção, provavelmente exibirá por toda a sua vida essa característica pessoal e benéfica. Quando você era criança, provavelmente costumava se perguntar por que seus pais e professores o repreendiam pelo seu inconformismo.

Você não é o único, nem naquela época nem agora. Estes são os pensadores visionários e formadores de opinião, libertadores das limitações e da percepção usual. Apenas certifique-se de conviver com essas pessoas e compartilhar seus desejos e entusiasmo sempre que puder.

Fórum dos disruptores

Tendo participado recentemente de uma reunião com um grupo de disruptores em um fórum extremamente motivador em Londres, ficou claro para mim que qualquer conceito novo, inovação ou ideia não são sobre você mas sobre o usuário final. É ele que sempre terá a palavra final quanto à utilização de seu serviço, e geralmente de uma maneira diferente da esperada. Esse pensamento me leva de volta ao ditado "O cliente tem sempre razão". Isso é correto, mas, neste caso, não se trata somente da compra individual, mas também da forma como a sua oferta prospera, evolui e se desenvolve.

Naquele fórum, fiquei impressionado com a disponiblidade dos membros do comitê para transmitir, diante da câmera ou fora do ar, o que haviam conseguido até agora e quais eram seus objetivos. Todos nós recebemos tópicos semelhantes, mas cada um encontrara o próprio caminho e sutilmente obteve diferentes respostas para praticamente as mesmas perguntas. Com grande respeito a todos os envolvidos, eu poderia compará-los com crianças em um *playground* depois do Natal, querendo dizer uns aos outros quais os brinquedos que tinham ganhado como presente. Felizmente não havia ninguém presunçoso, e acho que isso foi um testemunho da nossa imersão total na busca de uma diferença positiva real. Gostei do encontro.

Custos a Bordo

Cada conceito e opção de fornecimento final terá um custo "a bordo" diferente, sendo que o presencial ou de interação humana é geralmente o mais trabalhoso e, portanto, o mais caro de fornecer. A interação humana também apresenta o risco — conforme o caso — de cumprimento/falha técnica no fornecimento de quaisquer resultados complexos. Os serviços financeiros do Reino Unido, no que se refere ao desempenho do processo e conformidade do produto, são um exemplo óbvio de que, em parte, surgiram como uma exigência do resultado — e se qualquer um deles estiver incorreto, o provedor pode ficar sujeito a reclamações, custos e reparação.

É só lembrar do fiasco que foi o seguro de proteção ao pagamento (PPI, a sigla em inglês) do Reino Unido. De acordo com o veredito emitido pelas autoridades competentes, o produto era sistematicamente mal vendido pelos fornecedores através do canal de distribuição escolhido por eles, formado pelas equipes de vendas das filiais; creio que esse pode ter sido um dos motivos pelos quais os bancos caíram fora do setor de aconselhamento financeiro de varejo por volta de 2012.

Seja qual for a sua linha de negócio, a opção de ir direto ao cliente através da tecnologia de baixo custo, universalmente disponível é, na minha opinião, uma ótima maneira de manter honestas as grandes corporações, pois estas estão sendo perturbadas por novos conceitos e produtos das PME. Além dos custos de desenvolvimento, há também pressões dos prazos administrativos e, como o principal executivo de uma PLC (o que no Brasil equivale a uma sociedade anônima) me lembrou depois de constatar algumas frustrações, *Roma não foi construída em um dia*. Ele não achou graça quando sugeri que os romanos deveriam ter usado a Internet: teria sido muito mais rápido! No entanto, ele estava correto, o que foi reafirmado no fórum dos "disruptores": "...leva muitos meses, até mesmo anos, para se ganhar impulso e canalizar a energia e o *feedback* do usuário de modo a ganhar força, obter sucesso e lucro. É fácil perder isso de vista quando se está na pós-inovação e durante o processo de produção.

Todos nós vimos pequenas operações, muitas vezes ainda no seu início, trazerem grandes ideias novas para a respectiva indústria — para em seguida serem consumidas por grupos maiores que desejam acrescentar o mesmo dinamismo às suas propostas antigas.

Os recursos *online* estão na extremidade oposta do espectro do custo "a bordo", simplificando e cumprindo ofertas, padronizando os resultados volumosos e mantendo a um mínimo os custos de conformidade técnica. Manter padrões de serviços e de prazos, com uma interação humana mínima, é uma proposta atraente. Rever espontaneamente os níveis de desempenho é muito mais fácil do que reagir ao *feedback* negativo de fontes externas. Na verdade, o volume das vendas que um sistema pode fornecer é inspirador e permite-lhe dormir à noite — na maioria das vezes — com a certeza de que se a programação estiver correta, é pequena a probabilidade de haver problemas futuros. Esse nem sempre é o caso, como temos observado nos últimos anos com o crescente número de carros devolvidos por problemas técnicos de fábrica, principalmente devido a questões de segurança.

Encontre-se com seus companheiros disruptores para compartilhar, dentro dos limites, seus planos e ideias. Escute-os. Constatei muitas vezes que uma frase solta pode ser poderosa e positiva, como: *"O que eles querem dizer com isso?"*. Deixe sua inteligência agir para conseguir o que você quer. Quais os recursos que estão sendo utilizados? O que eles ganham com isso? Será que esses defensores de tecnologia poderiam agregar valor ao *seu* projeto?

Nem tudo é sobre você

Parte do objetivo deste livro é desafiar suas ideias atuais em relação à sua empresa e aos caminhos que utiliza para atingir resultados e o sucesso. Você precisa se desvincular de seu plano atual de negócio só para ver a direção que está tomando e por quê.

O que você construiu realmente? Será que conseguiu que o usuário final confiasse no seu produto? Ganhar a confiança do usuário final é vital. Sem ela você não vai obter regularidade, vendas e, naturalmente, um sucesso rentável.

Na verdade, é necessário verificar periodicamente o que o sucesso significa para você. Será que os resultados obtidos são um verdadeiro sucesso, ou apenas medíocres? Será que eles ampliam seus limites? Convém ressaltar que o sucesso não significa necessariamente renda ou lucro. Pode ser o que você definir. Poderia ser melhorar a qualidade de vida, ao proporcionar-lhe mais tempo livre com o mesmo nível de renda. O tempo é um recurso extremamente subvalorizado. Então, qual é sua missão real?

Como tenho observado em livros anteriores, reitero que existem apenas duas maneiras reais para aumentar os lucros: melhorar o rendimento (as vendas) ou reduzir custos. Alguns contadores podem rir com esta observação reconhecidamente simplista — mas como líder do negócio, estes são os pontos-chave que você pode influenciar. A solução utópica óbvia para obter lucro é fazer as duas coisas. A missão do aperfeiçoamento da utilização da tecnologia pode ser uma maneira de consegui-lo. Esteja preparado. Essa é a época em que as leis de consequências previstas e imprevistas podem estar no seu momento mais evidente, possivelmente incluindo a perda de postos de trabalho se você puder criar eficiência, mas o progresso não vai parar para ninguém. Mostramos esse ponto quando nos referimos à economia da China no primeiro capítulo deste livro.

Se você contrata terceiros para ajudá-lo a atingir seus objetivos, e estou certo de que o faz, quando foi a última vez que reviu os serviços que eles oferecem? Descobrimos ao longo dos últimos anos da nossa primeira década de funcionamento que alguns desses fornecedores não se atualizaram em tecnologia como nós. Na realidade, o contrato inicial que foi criado para atender às nossas necessidades no início já não reflete o nosso estilo atual, pois desde então aumentamos o volume de negociações e de vendas. Além disso, o uso de atualizações em tecnologia e inovação desses fornecedores não tem sido pró-ativo em ajudar a melhorar ainda mais o nosso serviço quanto à eficiência de custo ou serviço. Durante a revisão e negociação dos termos, percebemos que eles tinham perdido aquela atitude progressista com o tempo, enquanto a nossa empresa ainda estava empenhada em uma viagem para o futuro. Estou muito satisfeito por notar o nosso progresso contínuo, mas isso precisa estar refletido em todos os aspectos de nossos serviços.

Você ainda se beneficia dos serviços contratados fora, como no início? Sabendo como a tecnologia pode trazer avanços inovadores na forma como os serviços podem ser utilizados agora, não seria possível substituir o valor real do serviço por tecnologia?

Olhando objetivamente para o nosso próprio serviço tradicional atual face a face, percebemos que para o nosso consumidor a resposta é *sim*. De acordo com o modelo do nosso negócio principal, a pessoa comum que passa na rua não é o *principal* alvo. Portanto, a verdadeira resposta no longo prazo, quero dizer na próxima década, é que tanto as soluções antigas quanto as novas que oferecemos terão de manter o valor; as antigas enquanto entram na sua curva descendente na fase de maturidade, e as novas ainda na infância. Isto confirma o mantra: "Não pare nunca". Se você perceber um declínio potencial em um modelo de negócio, mas não na sua utilização final, esta é a oportunidade de perturbar, inovar, mas para fornecer e reiniciar o processo que ainda está começando.

Nos últimos dois anos, trocamos em torno de 80% dos nossos contratos terceirizados, a fim de fazer um *"upgrade"* nos serviços que recebemos, e para nos ajustarmos melhor à mudança de nossos objetivos. As vantagens são significativas. Os custos mantiveram-se praticamente inalterados ou até mesmo foram reduzidos. Muitas dessas conquistas se devem ao fato de termos substituído, onde possível, os serviços físicos por tecnologia; é certo que para tal fizemos investimentos importantes e adicionais em nossa infraestrutura à medida que crescemos. Esses novos serviços aumentaram a nossa capacidade de oferta e isso tem, claramente, trazido mais confiança à equipe. Em cada caso, com planejamento, a implementação provou ser bastante simples, embora instruções e comunicações à equipe tenham sido fundamentais para garantir que todos empreendiam a viagem juntos.

É importante ressaltar que os serviços prestados agora refletem o nosso negócio de forma mais precisa, incluindo a capacidade de uma expansão maior na próxima fase dos nossos planos.

Novas relações e encontros fortuitos

Minha experiência de perturbar o nosso modelo atual tem proporcionado muitas oportunidades para trabalhar com pessoas e contatos novos, com quem de outra forma nunca nos teríamos envolvido. Esses pensadores avançados são inspiradores, e eu recomendaria que se você puder participar de um grupo, pessoalmente ou através das redes sociais por exemplo, vale a pena para fazer seus planos progredirem. Não imagine que será um passeio fácil. Perturbar e desafiar modelos em vigor é um processo solitário, como o é dirigir qualquer negócio. Alguns contatos podem fracassar antes mesmo de começarem. No entanto, outros, como os que encontrei no fórum dos disruptores, farão que o tempo empreendido valha a pena e o ajudarão a seguir em frente.

Reflita sobre os seus encontros e incentive aqueles com quem pretende trabalhar, colaborando onde puder.

Colaboração

Até onde você pode terceirizar? Eu sei que não está sozinho em querer entregar parte de seu negócio a terceiros para poder se concentrar em outras questões. Será que isso, já em si, poderia ser uma oportunidade de colaborar com outras empresas afins para criar um produto ou serviço individual que possa ser vendido a terceiros sem ameaçar a propriedade intelectual? Será apropriada a aplicação de alguma interoperacionalidade dos sistemas entre os grupos de organizações que têm como missão resolver um setor de produção, ou um elemento histórico ou não lucrativo?

Pense sobre isso:

- O que você terceiriza e por quê?

- Será que terceiros precisam deste produto ou serviço ou o valorizam?

- Será que pagariam por ele se fosse embalado, e, em caso afirmativo, quanto pagariam?

- Com quem você colaboraria para criar esta nova oportunidade, compartilhando os custos de desenvolvimento e, é claro, os lucros futuros, sejam rendas ou resultantes da venda deste negócio híbrido?

As oportunidades já podem estar à sua frente, embora a vida (e inovação, nesse caso), geralmente não seja tão simples. Faça o que fizer, basta ter um outro olhar. Se há uma maneira de criar uma nova empresa rentável, vá em frente antes que alguém o faça. Teste o que poderia ser criado e, em seguida, discuta o assunto com sua equipe.

Importar talentos

Nos livros de negócios anteriores que escrevi, sempre defendi o seguinte desafio: "Você é a pessoa certa para o trabalho?" Quero dizer com isso que se tiver um projeto, uma tarefa ou meta, pergunte-se se você é a pessoa mais indicada para fazê-lo, caso contrário, delegue a outrem, dentro ou fora do seu negócio. Sou um defensor da terceirização, porque os outros são suscetíveis de ter uma visão totalmente diferente da sua profissão, produto ou serviço, e, esperemos, trarão novas ideias. E se não o fizerem, é claro, você pode rescindir o contrato.

Como alternativa, se o orçamento permitir, contrate um talento que esteja no mercado para atender às suas necessidades e objetivos. Ele poderá trabalhar em um projeto específico ou ser integrado como membro da equipe. A vantagem disso é, mais uma vez, pensamento fresco para uma inovação ou projeto, que trará uma sensação diferente a um novo produto, utilizando os conhecimentos adquiridos em outros mercados ou aplicações. Do ponto de vista comercial, descobrimos que estávamos ansiosos por trazer uma perspectiva completamente diferente para nosso novo produto. Não que houvesse algo de errado com o serviço existente, nós só queríamos focar uma direção diferente em relação ao fornecimento e público-alvo. No entanto, também sentimos que o nosso orçamento de PME poderia ir mais longe, ganhando uma tração maior mais rapidamente, usando a solução de terceirização e, ainda, alternativas tecnológicas, sempre que possível.

Por exemplo, muitos programas universitários têm centros de inovação, juntamente com os financiamentos dos "investidores-anjo" na maioria dos casos, que estão à procura do próximo "grande negócio". Essa pode ser uma perspectiva interessante se você estiver buscando soluções alternativas. No mínimo, você ficará sabendo o que as outras indústrias estão conseguindo ao mudar o mundo delas, e algumas dessas ideias poderiam ser aplicadas em seus planos.

Tanto a terceirização quanto a contratação de talentos podem dar resultados diferentes, utilizando, certamente, diferentes custos orçamentais. A terceirização pode ser mais barata, mas com uma antecipação de custos. Porém, você poderá perder, em certa medida, o controle quanto aos prazos de fornecimento, assim, é necessária dedicação rigorosa. Por outro lado, ao contratar um talento, pode haver um maior custo global, embora esse possa ser pulverizado ao longo do tempo, e você manterá o controle dos prazos.

Fim da sua lista de objetivos a realizar profissionalmente?... NÃO pare nunca!

Alguma vez você atingiu um estágio na vida em que, por qualquer motivo, começou a sentir que não tinha mais nada a realizar? Isso pode ter acontecido em um aniversário importante, ou ao ser homenageado por colegas, na outorga de um prêmio ou de uma qualificação mais elevada, mesmo em uma comemoração que o fez parar e refletir. No mundo dos negócios, esses pensamentos existenciais podem ser raros. Isso é compreensível quando se leva em conta a pressão que a maioria de nós sofre.

Para mim, foi uma combinação de elementos que atravessaram o meu caminho, forçando-me a parar. Na realidade, não que eu não tivesse mais nada a realizar, mas houve uma coincidência de marcos. Minha mulher comemorou seu aniversário com uma grande festa, completei trinta anos de profissão, nosso negócio novo de inovação completara um ano, foi-me outorgado o *status* de credenciado, ganhei uma bolsa de estudos... pela segunda vez... e a empresa completou seu décimo primeiro ano de funcionamento rentável. Havia muito o que comemorar, e considerar: tudo condensado em um período de três meses. Parecia mais do que eu tinha imaginado que iria conseguir na minha carreira, como a "lista" de coisas a fazer antes da aposentadoria, mas relacionada a negócios. Se você tiver uma lista de dez objetivos na vida e já tiver alcançado todos eles, você simplesmente coleciona um relógio de ouro e vai embora: missão cumprida, ou pensa em dez ideias adicionais?

Ou, se pudesse começar tudo de novo na era da Quarta Revolução Industrial, quanto faria melhor dessa vez? Mais rápido, mais rentável e menos desgastante... a lista é interminável... e tão inspiradora! Lembre-se: "Não pare nunca!" Será que, na realidade, qualquer segundo lugar da lista "dos dez mais" seria ainda mais aventureiro do que o primeiro? Provavelmente sim, enquanto você se empenha em conseguir feitos maiores. Isso é natural. E se ainda não terminou essa primeira lista *dos dez mais* e já preparou a segunda, você *substituiria* os planos restantes pelos novos? Se assim for, vá em frente!

Para mim, o projeto novo e dinâmico de aconselhamento financeiro *online* que temos desenvolvido tem sido uma verdadeira inspiração e motivação. Parte da *minha* lista é provar que esta proposta *online* é o futuro e que pode perturbar os modelos existentes.

Vantagens ambientais reais... e economias!

A inovação de qualquer processo existente e seu fornecimento, visando um novo modelo, têm de utilizar as novas tecnologias para melhorar a experiência do usuário, geralmente reduzindo os seus custos e o do consumidor. Você provavelmente não se aventuraria no processo sem a probabilidade desse resultado. Você também espera melhorar os lucros, e isso não é nada que você já não soubesse. O resultado final pode ser um serviço completo ou parcial de uma experiência *online*, sem a necessidade de reuniões ou de uma equipe para tratar da proposta. Não está tão distante dos sistemas de "clicar e entregar" que usamos para comprar mantimentos.

A informatização do processo tem uma grande vantagem adicional, a qual muitas vezes *não* é um motivador aquando do planejamento original, que é a redução no impacto ambiental em comparação com o modelo ou sistema existente. Se estiver lendo este livro através da plataforma *e-reader*, este é um grande exemplo disso. Sem impressão, há um custo mais baixo de produção e de recursos naturais (como celulose para fazer papel), além disso, a distribuição eletrônica é feita diretamente ao usuário final, eliminando os custos de transporte e embalagem.

Quando olhamos para o nosso modelo atual de serviços profissionais e a forma como nos envolvemos, aconselhamos e complementamos o trabalho dos nossos clientes, geralmente temos duas reuniões em nossos escritórios, além das chamadas telefônicas e das deslocações ao escritório para participar dessas reuniões. Adicione a isso as despesas de escritório do dia a dia e os custos com o pessoal, com o papel timbrado e, até mesmo, com o papel higiênico! A lista é interminável e eu sei que, na realidade, nem todos estes custos poderiam ou iriam ser reduzidos. Na verdade, o investimento em infraestrutura técnica para alcançar os novos sistemas de fornecimento pode causar uma subida de custos, com o potencial risco de termos de despedir pessoal, enquanto e quando o papel deles se tornar digitalizado. Do ponto de vista financeiro, isso equivale a um plano de negócios com despesas antecipadas, mas com o potencial suplementar de poupar recursos naturais. Os contadores podem se assustar com esse princípio ultrapassado de planejamento; no entanto, muitas vezes dizemos que a resposta empresarial está mesmo diante de você. Este modelo pode funcionar com uma simulação correta do fluxo de caixa direita, e esta precisa ser cuidadosamente trabalhada.

Se nunca considerou esse processo, ele vale a pena, pois pode trazer-lhe um ponto de venda exclusivo e uma vantagem sobre a concorrência existente. Há uma utilização excessiva "do verde, do sustentável", e infelizmente, como vimos com determinados fabricantes de automóveis, a ênfase exagerada dos benefícios ambientais e econômicos *publicados* pode não retratar a realidade. Isso só serve para criar desconfiança sobre as declarações de quaisquer credenciais verdes, tanto em relação à empresa em questão quanto ao setor mais amplo. No entanto, essa é uma questão geral vital e todos nós estamos envolvidos, quer queiramos ou não. As emissões de carbono são reconhecidas mundialmente como um problema enorme e crescente, e acreditamos que um negócio seja um excelente ponto de partida quando se trata de reduzi-las. Acreditamos que nossa nova entidade, SaidSo.co.uk, por exemplo, reduza as emissões de carbono eliminando a necessidade de reuniões e papelada. Eu recomendaria o envolvimento com uma organização como a "Planet First" para participar do programa *The Planet Mark*. Mais detalhes podem ser encontrados na seção Fontes no final deste livro..

Será que sua nova empresa poderia fazer o mesmo? Levando isso um passo adiante, essa não poderia se transformar em uma inovação? Ainda seria seu produto..., mas *online*, mais funcional e mais ecológico. Faça o possível para desafiar uma ideia existente.

Há um ano fiz a seguinte pergunta a mim mesmo: *"Há alguma coisa que ainda posso fazer?"* Havia — e ainda estou fazendo até hoje. Nosso negócio e inovação são de longe o melhor que já fiz. Nunca tema a disrupção ou a mudança. Eu e nossos negócios somos apoiantes vigorosos de ambas. Mudar é bom, seja qual for a forma que assuma, em qualquer geração.

A geração punk!

Muitas pessoas não temem a *mudança* de modo algum. Tudo o que elas "temem" é o desconhecido, e até certo ponto esta é uma reação natural.

Quando começamos nossa primeira empresa, não senti medo da mudança; já havia, na época, medo suficiente na minha vida pessoal e profissional. Pode ser sugerido que a motivação para iniciar a empresa terá sido para abrandar mudanças *futuras*. Trata-se de visão avançada? Talvez! A mudança tinha quase se tornado parte da aventura de conseguir superar mais um dia de trabalho. Mas a decisão de dar o salto para o desconhecido era um grande problema.

Nosso modelo de negócio na época não era especialmente inovador, embora este dinamismo tenha se acelerado à medida que avançávamos, mas parecia ser uma mudança importante, e estou satisfeito que a tenhamos feito. Inovar sempre envolve um salto de fé, mas se acreditar em seus planos, será mais divertido do que assustador. Eu os exorto a ir em frente e reforço: o fracasso é uma opção.

Falando de medo, Malcolm McLaren, o falecido empresário e gestor do *Sex Pistols*, e que era um mestre provocador completo por pensar de forma diferente, disse:

"O que importa é isto: não ter medo de fracassar é sua arma para quebrar as regras. Ao fazê-lo, você pode mudar a cultura e apenas possivelmente, por um momento, mudar a vida em si."

Ele disse também:

"*Ensinaram-me que para criar qualquer coisa você tem de acreditar no fracasso, simplesmente para estar preparado para apresentar uma ideia sem qualquer medo. O fracasso, você aprendeu — como eu na escola de arte —, é uma coisa maravilhosa. Ele permite que você se levante de manhã e tire o travesseiro de sua cabeça.*"

Os *Sex Pistols* certamente não foram um fracasso de seu tempo, nem quando foram lançados nem posteriormente. Afinal de contas, o Sr. McLaren foi um administrador de negócios tenaz e controverso, mas era o que a época precisava — ideias diferentes. E se isso perturbava as pessoas, que assim fosse.

O movimento *punk* era uma atitude, não se referia só à música ou à moda. Mas os *Sex Pistols* foram disruptores de seu tempo? Ou talvez apenas persuasores? Eles eram com certeza diferentes: novos, barulhentos, cheios de atitude e energia, e pregando o medo da degradação do tecido social. Deixaram um legado, mas como o tempo passou, eu me pergunto agora: será que eles foram verdadeiramente *inovadores*? Provavelmente não. Mas eles eliminaram todas as barreiras conhecidas para ver até onde se pode ir na música.

Também não vamos nos esquecer da indústria da moda da época, quando o mundo se tornou um pouco menos inocente no decurso desse processo inteligentemente planejado. McLaren certamente liderava a curva da mudança cultural da época. Quaisquer que fossem os seus efeitos, os *Sex Pistols* seguramente não tinham "medo da mesmice".

"Johnny Rotten" (John Lydon), em sua autobiografia de 2014, *Anger is an Energy: My Life Uncensored* (*Raiva é uma Energia: Minha vida Sem Censura*, em tradução livre), detalha sua jornada única durante o período turbulento da cultura jovem da década de 1970. Eu não poderia concordar mais com a primeira parte do título; a raiva é realmente uma energia, e uma que precisa ser capturada ao enfrentar os desafios da inovação. Se for bem canalizada, a raiva tem um real valor — e, claro, quando usada de forma incorreta, é destrutiva, tanto quando é implementada quanto no prazo mais longo.

O movimento *punk* foi em si uma inovação e uma disrupção? Abraçando uma nova cultura como um todo — sua música, suas roupas, sua atitude — foi uma tendência que mudou o mundo? Será que influenciou um grupo inteiro, não só um indivíduo, como Malcolm McLaren? Foi certamente uma saudação usando o *"two-fingered salute"* ao conceito "mais do mesmo", um gesto extremamente ofensivo no Reino Unido.

Refletindo sobre seu novo projeto, você acha que o projeto e a inovação que está se esforçando para alcançar é a nova cultura *"punk"* da nossa geração moderna? McLaren disse: *"Eu sempre pensei que os jogos, o YouTube e a web fossem uma extravagância muito pós-punk."*

Pense nisso: vivemos em um período exclusivamente revolucionário. É improvável que se obtenha uma outra oportunidade igual a essa. A curva da mudança está viva e bem e, o mais importante, ainda se curvando. Você provavelmente conhece qual a sensação que dá, conforme ilustrado abaixo usando o modelo internacional do Ciclo de Vida do Produto (CVP) do economista norte-americano

Raymond Vernon (1966) /Modelos comprovados:

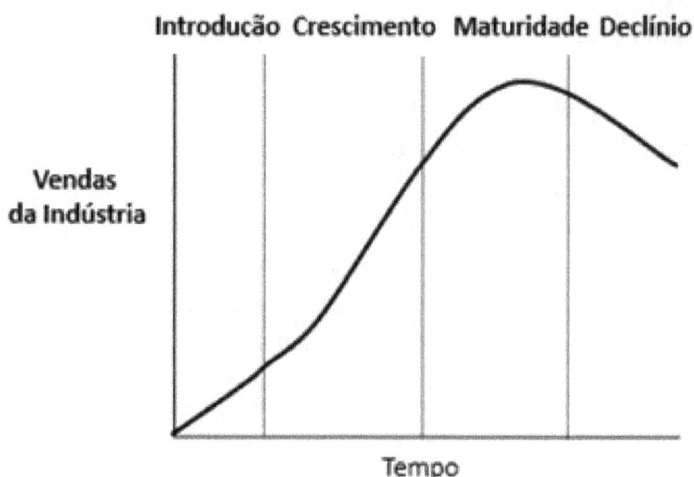

Que papel você está representando para mudar a mesmice? Lembre-se de que, quando estiver pronto, você vai precisar gritar para valer, assim como os *Sex Pistols*, a fim de capturar a imaginação do seu público.

Hora da imprensa

É importante reservar algum tempo para responder às perguntas e pedidos da mídia, emitir comunicados de imprensa, *marketing teasers* e para tratar do interesse de terceiros. É fácil sentir-se incomodado ao ter de passar divulgações quando não se quer dar muita informação, durante a elaboração dos seus planos, mas a imprensa pode ser um poderoso aliado quando você quiser transmitir sua mensagem. Trabalhe com eles e eles trabalharão para você.

Zele para que saiba onde você se encontra na sua planejada curva da mudança. Para uma verdadeira inovação e disrupção, você é que estabelece o ritmo e tem algum controle sobre a curva. Depois, garanta que está no ponto certo no processo de mudança de sua inovação.

Este interesse e esta oportunidade não durarão para sempre.

Chega de Mesmice!

Capítulo Nove: Conclusão

Conclusão: *uma sentença ou decisão tomada pelo raciocínio.*

Por onde posso começar? A inovação e disrupção são temas estimulantes. A Internet, como modelo de distribuição, tem o poder de nos capacitar a todos para que façamos uma grande diferença. É apenas uma questão de como devemos proceder.

Em que ponto o seu projeto, ou a oportunidade que tem em mãos, começa a fazer essa diferença que mudará a sua vida, a de sua equipe e empresa nos próximos anos? Ele começa no fundo da sua mente e imaginação desenfreadas. Você é capaz de criar confusão, disrupção e algo totalmente inspirador e novo.

A conclusão deste livro está se revelando a parte mais difícil de escrever. Por acaso existe uma verdadeira conclusão para a inovação? A verdade criativa é que ela não existe — e é isso que a torna tão dinâmica, para não dizer viciante. As rodas da imaginação da mente humana, assim como a experimentação, disrupção, as ideias e o fornecimento nunca vão parar enquanto a função cerebral continuar alimentada. Que perspectiva excitante! É o que faz o mundo mudar a cada segundo de todos os dias.

As regras existem para serem reescritas, enfrentadas... e depois quebradas. A evolução do que fazemos e de como o fazemos está em constante mudança, diversificando, esperamos que para melhor. Ninguém vai lhe agradecer pelo seu trabalho e pela sua inovação, mas você não começou seus novos planos de disrupção à espera de gratidão. Sua intenção, no início de sua jornada, todas essas semanas, meses e anos atrás, foi a de fazer a diferença, e é claro, com a esperança de obter rentabilidade no processo.

Ambos são apenas desejos naturais. Eu espero que você os tenha alcançado — ou esteja prestes a isso — e que agora se sinta orgulhoso, não só do resultado final, mas também da própria jornada.

Espero também que, durante a leitura das páginas de **Chega de Mesmice!** alguns pontos tenham-lhe instigado a mente, pois o conscientizaram de que sua missão não está terminada e você ainda não está a caminho do capítulo final. Independentemente do tipo, tamanho ou serviço de seu negócio, em que ponto do caminho você se encontra?

Seu próximo capítulo está pronto para ser escrito. Você tem o *touch-pad* — mãos à obra!

Seu *timing* será fundamental, e o lançamento ainda mais. Você não vai conseguir tudo — o produto, serviço, os equipamentos, o sistema — perfeito. A perfeição é um objetivo louvável, mas não é nada sem o fornecimento. Na verdade, a "perfeição" não existe, mas a conclusão de um estágio sim. E mesmo se existisse, só seria perfeita em um ponto no tempo, até que alguém, espero que você, inovasse além desse ponto para conseguir algo ainda melhor. Isso também pode acontecer porque outras inovações e invenções não relacionadas aparecem e se sobrepõem ao seu setor. É um momento emocionante para se estar envolvido e uma oportunidade real de criar uma marca no mundo. Nos próximos anos, os livros de história confirmarão que essa era conectada e inovadora não se repetirá em um século ou mais.

Sua nova revolução pessoal!

Muitas pessoas já compreenderam que nós somos privilegiados por estarmos inovando e criando neste momento. Como a Revolução Industrial de há cerca de dois séculos, desta vez é a nossa oportunidade de mudar as coisas. Mudar o mundo agora não está mais restrito apenas à aristocracia rural e aos ricos proprietários de terras de 1800. O Fórum Econômico Mundial, em janeiro de 2016, falou da Quarta Revolução Industrial, e é exatamente isso o que estamos vivenciando agora. As possibilidades de uma pessoa impulsionada pelo seu computador estão limitadas apenas pela sua sabedoria e imaginação. O que é uma perspectiva fantástica! Todos nós precisamos parar com a retórica e ver o que podemos trazer para a nova revolução.

A disrupção é sua amiga e os modelos antigos, em todas as esferas da vida, embora já tenham sido experimentados e testados, podem agora ser melhorados por uma nova maneira de pensar e através de recursos que temos à nossa disposição. Nossas vidas conectadas já mudaram para além da imaginação, mas estamos apenas no início. A conectividade móvel nos trará: oportunidades ainda maiores, pensamentos coletivos, serviços e aplicações mais inteligentes, processos mais simples, emissões de carbono mais baixas e, espero, um mundo melhor, mais fácil e mais agradável.

Você cometerá erros, é inevitável; é preciso estar preparado para esses contratempos probatórios pessoais. Fique tranquilo: estas são dores de crescimento naturais, havendo sucessos e resultados que irão superar suas expectativas, mesmo se estas já forem maciças nos seus planos. Nós, como equipe, temos sofrido e aproveitado ambas as experiências e nos tornamos pessoas melhores por causa da viagem. Lembre-se, é uma *viagem*; uma que lhe tirará algo pessoal, já que haverá muita entrega de sua parte para o sucesso do projeto.

Você dá muito de si mesmo todos os dias da semana para garantir que o seu negócio funcione, mas mesmo assim sugiro uma "atividade" extra na sua rotina diária. Certifique-se de que o resultado final também volta para você, para que seu sacrifício seja amplamente recompensado pela satisfação pessoal.

Não se esqueça de que esta é uma oportunidade e que oportunidades reais não aparecem muitas vezes. Quando são criadas por você, não há que temer pelo sucesso delas.

O medo não é seu inimigo

Discutimos o medo no Capítulo Dois, *Paixão*. Eu queria que o assunto aparecesse no início do livro porque, até certo ponto, o medo pode ser seu amigo.

Algumas pessoas temem a simples *ideia* do medo. É sabido que as pessoas também temem a mudança. Assim, ao contrário da crença popular, estar perto desse sentimento significa que você está provavelmente na direção certa, aproximando-se da solução. Não é um lugar onde você possa permanecer por muito tempo, mas o medo pode ser um poderoso aliado, se puder controlá-lo.

Como já foi mencionado, o medo é o *habitat* natural da disrupção e inovação. Como Franklin D. Roosevelt disse num momento de turbulência significativa do seu país: "*Não há nada a temer senão o próprio medo.*"

Espero que minhas percepções tenham acrescentado à sua própria expectativa o que poderia realmente ser alcançado — embora você saiba que a viagem não acontecerá sem seus transtornos. A vida seria muito aborrecida e insatisfatória se tudo fosse "mais do mesmo". Você é um empresário, se não um pioneiro na sua área, e sua profissão, indústria ou serviço estão esperando pela sua inovação para que possam segui-lo.

Este livro pode lhe ter fornecido algumas orientações para estruturar a mudança, porque essa segue um processo. Pode tê-lo motivado a recuar no seu negócio atual para perguntar: "Será que isso realmente funciona? O atual modelo sustentável é suficiente para satisfazer seus objetivos pessoais, tanto em relação ao seu estilo de vida quanto à parte financeira?" Se não, talvez precise visitar o medo para realizar a mudança.

O medo e a mudança podem trazer-lhe vantagens se você passa por eles enquanto procura seu futuro. Faça o que fizer, dê um salto para começar. Antes do primeiro passo, nada acontecerá. Ganhe força em sua causa e seja firme, de fato confiante, em sua influência e em seu foco — e você vai se dar bem.

Perturbe com um propósito

A criatividade que conduz à inovação, às disrupções e, em seguida, ao fornecimento só será alcançada quando você tiver um motivo em mente. Pode ser dinheiro. Na minha experiência, aprendi que quando se é bom no que se faz, atrai-se a riqueza e não o contrário. O reconhecimento pode ser seu motivo. Talvez seja superficial; mas é o meu. Cada um de nós tem uma motivação única, própria para cada situação. Mas o propósito é vital.

Sem um propósito, *você* pode até lutar para seguir o rumo, mas dificilmente chegará ao utilizador final pretendido. Sem envolvimento, a inovação até pode acontecer, mas sem uma boa razão. Por que você está inovando? Só porque é capaz? Isso pode ser motivo suficiente, mas seus planos ainda precisam adicionar valor, a fim de perturbar o pensamento atual, mudar as percepções, inspirar o usuário final e, finalmente, transformar a forma como fazemos as coisas... até que alguém atualize a sua ideia! Se acha que alguém *poderia* atualizar seus planos rapidamente, é sinal de que sua disrupção não tem um alcance suficientemente longo.

Chacoalhe sua árvore de ideias novamente e veja o que mais cai. O resultado final pode ser melhor ainda.

Reserve um tempo para rever sua visão original e verifique se o que desenvolveu permanece fiel à causa original. Não se esqueça de que o momento "eureka" é um bom lugar para começar.

Forneça, forneça, forneça!

Pode ser fácil perder de vista a fase de acabamento quando você está imerso em seus planos. Gaste energia apenas no que é capaz de influenciar; economize tempo e provavelmente dinheiro, mudando apenas o que for possível mudar. Mas lembre-se de que os limites são percebidos pelos outros, não por você enquanto estiver inovando.

Uma antiga chefe minha costumava exibir no cartaz informativo da empresa as seguintes palavras, escritas em letras gigantes: "Atitude, Atitude, Atitude". Ela dizia que isso era imprescindível tanto para ela quanto para o sucesso do seu negócio. Eu sempre concordei com ela — mesmo agora nesses tempos revolucionários. Ainda acredito muito na necessidade da atitude certa para fazer as coisas acontecerem. Ela sempre argumentava que as pessoas criavam a própria sorte. No entanto, agora acho que as palavras mais importantes para qualquer projeto disruptivo e inovador são *"Forneça, forneça, forneça!"*

Não subestime o quanto são revolucionários os nossos tempos. A tecnologia, a *FinTech*, a mídia social e a Internet são oportunidades que esses momentos específicos podem proporcionar; oportunidades que eu acredito que não estarão disponíveis novamente nos próximos anos, possivelmente até que seja inventada uma alternativa para a Internet. Como aconteceu na Revolução Industrial do início do século XIX, as inovações de base e a tenacidade de quem as inventou não serão vistas novamente.

Na época, o mundo recém-industrializado mudou para sempre, e, em retrospectiva, sei que não foi para melhor em todos os casos. Algo semelhante está acontecendo agora.

Vou relembrá-lo do seguinte provérbio:

"As coisas avançam tão rapidamente hoje em dia que as pessoas que dizem 'Isso não pode ser feito' estão sempre sendo interrompidas por alguém que o faz." — Puck

Não se surpreenda se for acusado de estar beirando a insanidade, ou de ser inexperiente, ou apenas um excêntrico. As pessoas que o criticam imaginam que sabem como derrotar o seu conceito, mas parecem estar fazendo muito pouco para tal — ou então elas estão apenas desesperadas para manter as coisas inalteradas. Você sabe o tipo de pessoas às quais me refiro: elas são sempre do contra, e nada mais. Em caso de dúvida, esteja atento a elas, mas siga em frente assim mesmo e certifique-se de que *você* é o único a marcar o ritmo.

Faça o que fizer, planeje, conceba, dirija... forneça, forneça e forneça! Depois de desenvolver o nosso trabalho ao longo de dez anos, eu me cansei das pessoas afirmando continuamente que vão recriar e aprimorar nosso serviço. Até certo ponto, espero que elas o consigam, assim poderemos tentar melhorar nosso próprio produto através da inovação de outra pessoa. No entanto, a seguir a cada discurso não há nenhuma ação. Falar é fácil, como diz o ditado!

Continue sempre fornecendo seu produto, seja lá o que fizer. Seu lançamento pode não corresponder exatamente ao que imaginou; você pode passar semanas, meses e até anos aperfeiçoando-o, e no final sentir como se, de alguma forma, tivesse desperdiçado a oportunidade. Seja pioneiro, faça o seu produto funcionar... bem. E o mais importante: só o traga para o mercado após tê-lo testado e conferido.

Se ele não for perfeito, volte atrás e simplesmente ajuste as peças que deseja melhorar.

O *feedback* do seu cliente/consumidor/usuário também pode sugerir mudanças para o seu produto, de modo a melhorá-lo ainda mais. Graças aos meios de comunicação social, nunca foi tão fácil para os usuários fornecerem um valioso *feedback* em tempo real.

Olhando pelo lado positivo, esses mesmos ajustes podem apresentar uma oportunidade de *marketing* adicionais, na forma de atualizações. Não permita que opiniões negativas o impeçam de obter inovação e colocá-la no mercado. Não pode haver *feedback* se não houver nada para avaliar — e se os usuários estão comentando sobre isso, bem e mal, você nem precisa se preocupar se o seu produto/modelo/serviço será um sucesso, se você prestar atenção.

Espero que eu tenha lhe proporcionado alguma inspiração para a evolução e o fornecimento do seu conceito. Seja a partir da perspectiva de "como não fazer" ou de "sim, sou capaz", se este livro todo ou apenas alguns trechos o estimularam e lhe deram alguma orientação para sua jornada, ele terá valido a pena. Se estiver falando sobre inovação, criação, disrupção... talvez se sinta viajando por uma estrada solitária. Descobri que é como arrancar um pedaço de si mesmo, o que é inteiramente novo, alimentá-lo e depois lançá-lo para o mundo. Como sugeri, a experiência é pessoalmente exaustiva — mas é ao mesmo tempo emocionante.

Em qual episódio da história inovadora você será lembrado?

Acho que este é um teste ácido: *você será lembrado?* Daqui a dez, vinte, trinta anos, será que os livros de história se reportarão ao trabalho que você está realizando atualmente, traçando seu caminho diretamente aos que hoje são chamados de sistemas *futuros*? Será que será lembrado pela sua inovação como Frank Whittle por sua tecnologia de motor a jato, ainda em uso hoje, ou Trevor Baylis pelo rádio à corda, ou claro, Sir Tim Berners-Lee por ter criado a Internet? Uma faísca brilhante e diferente pode vir e melhorar seu modelo depois de você se aposentar, mas ainda assim ele terá sua origem no *seu* momento eureka. Os usuários do *futuro* dirão: "Este foi baseado no sistema do Fulano de Tal em meados dos anos " Não seria incrível?

Acho que este é um teste ácido: *você será lembrado?* Daqui a dez, vinte, trinta anos, será que os livros de história se reportarão ao trabalho que você está realizando atualmente, traçando seu caminho diretamente aos que hoje são chamados de sistemas *futuros*? Será que será lembrado pela sua inovação como Frank Whittle por sua tecnologia de motor a jato, ainda em uso hoje, ou Trevor Baylis pelo rádio à corda, ou claro, Sir Tim Berners-Lee por ter criado a Internet? Uma faísca brilhante e diferente pode vir e melhorar seu modelo depois de você se aposentar, mas ainda assim ele terá sua origem no *seu* momento eureka. Os usuários do *futuro* dirão: "Este foi baseado no sistema do Fulano de Tal em meados dos anos" Não seria incrível?

De um ponto de vista egoísta, eu gostaria de ser conhecido como "o pai do aconselhamento financeiro *online*". E não digo que seja uma obsessão, apenas um desejo, como se fosse um legado à vocação que tenho servido por mais de trinta anos. Acha que vou conseguir? Talvez não, nossa empresa pode ser muito pequena, mas isso não vai me impedir de tentar — ou de inovar! Ter a Quarta Revolução Industrial na palma da mão é, naturalmente, uma grande ajuda e motivação.

Algumas perguntas permanecem sem resposta neste livro. Isso porque elas exigem uma contribuição vital do disruptor e do inovador *verdadeiro*: você. Somente *você*, através de um trabalho duro, pode obter estas respostas em seu próprio campo de especialização. Depende de você dedicar-se e aplicar os recursos adequados para poder respondê-las. Lembre-se de que a disrupção é o início da viagem, e quem sabe quando e onde ela vai acabar?

Desejo-lhe todo o sucesso em sua própria jornada. Tem sido um prazer compartilhar algumas de nossas experiências da vida real. No mínimo elas confirmarão de uma vez por todas que você não está sozinho.

Tem sido inspirador acumular experiências a partir da vida real, com todos os seus temperos, para compartilhá-las com você nestas páginas. Tem sido uma honra trabalhar com colegas que possuem a mesma opinião, tanto dentro como fora de nossa empresa, ao longo do período recente de nossa jornada criativa, que voluntariamente dedicaram sua paixão para nos ajudar a influenciar o mercado e oferecer o nosso serviço de uma maneira um pouco melhor. Há um mundo inteiro lá fora que precisa de você para mudá-lo!

Sua sabedoria, capacidade, tenacidade, seu conhecimento e entusiasmo podem fazer isso acontecer em breve... o que você está esperando?

Chega de Mesmice!

Fontes e Referências

FONTES:

- Informações provenientes das empresas Chapters Financial Limited e SaidSo.co.uk

- Peter Sheahan, *"Flip: How to Turn Everything You Know on Its Head"* (em tradução livre: *A virada: como virar tudo o que você sabe pelo avesso)*, editora Harper Collins, 2007

- Joseph Schumpeter, *Creative Destruction in Economics* (em tradução livre: A Destruição Criadora), editora da Harvard University

- Citação na revista americana *Puck* de 1903: *Things move along so rapidly nowadays that people saying: "It can't be done are always being interrupted by somebody doing it"* *(As coisas avançam tão rapidamente hoje em dia que as pessoas que dizem 'Isso não pode ser feito'estão sempre sendo interrompidas por alguém que o faz)*

- Elisabeth Kübler-Ross, *Sobre a Morte & o Morrer*, editora Saraiva (*On Death and Dying*, publicado originalmente em 1969 por The Macmillan Company)

- John Lydon, *Anger is an Energy* (em tradução livre: *Raiva é uma Energia: Minha vida Sem Censura*), editora Simon and Schuster, 2014

- Fórum Econômico Mundial,*Wheels of disruption, six clusters of financial services innovation*, (em tradução livre: *Rodas disruptivas, seis grupos de inovação de serviços financeiros)*

- Robert Skidelsky, *John Maynard Keynes, Volume Um: Hopes Betrayed 1883-1920* (em tradução livre: *Esperanças Traídas*), editoras Taylor & Francis e Alfred Marshall

- *Stop Cutting Costs. Start Enhancing Revenue* (em tradução livre: *Pare de Reduzir Custos. Comece a Reforçar os Lucros*), artigo publicado no *site* TechWhirl.com, em sua edição de novembro de 2014, elaborado pela LavaCon Perspectives

- William Lazonick, *Profits without Prosperity* (em tradução livre: *Lucros sem Prosperidade*), artigo publicado na revista *Harvard Business Review* de setembro de 2014

- *Robotics Making Workers Redundant in China* (em tradução livre: *Robótica leva ao despedimento de trabalhadores na China*), artigo publicado na revista de negócios *Global Business Review* em abril de 2015

- Mark Perry, *The "Netflix Effect": An Excellent Example of "Creative Destruction"* (em tradução livre: *"O Efeito Netflix: Um excelente exemplo de "Destruição Criadora"*), artigo publicado pela AEI.org (American Enterprise Institute) em agosto de 2015

- Fórum Econômico Mundial, *A Quarta Revolução Industrial*, 2016

- Raymond Vernon, *International Investment and International Trade in the Product Cycle* (em tradução livre: *Investimento e Comércio Internacional no ciclo de vida do produto*), artigo publicado em 1966 na revista *The Quarterly Journal of Economics* (modelo internacional do ciclo de vida do produto)

- Empresa Planet First/programa *The Planet Mark*, www.planetfirst.co.uk

- Anúncio do Office of National Statistics (Secretaria de Estatística do Reino Unido), de fevereiro de 2016, o qual refere que a produtividade no setor de serviços financeiros da Grã-Bretanha vem diminuindo significativamente desde 2009

- Documento publicado pela Nokia em 2014: *Nokia, FutureWorks 5G use cases and requirements* (em tradução livre: *Trabalhos Futuros em 5G, exemplos de uso e necessidades*)

- Autorização de reprodução gentilmente concedida por:

- ***20 Cognitive Biases That Screw Up Your Decisions (20 vieses cognitivos que atrapalham suas decisões)***, publicado pela *Business Insider* em 26 de agosto de 2015, www.businessinsider.com

- ***The First Consolidated Taxonomy of Disruptive Innovation in Financial Services*** (em tradução livre: ***Primeira taxonomia consolidada para a inovação disruptiva nos serviços financeiros***), **Fórum Econômico Mundial, 2016, diagrama reproduzido de** *The Future of Financial Service: How disruptive innovations are structured, provisioned and consumed* (em tradução livre: *"O futuro dos serviços financeiros: Como* *inovações disruptivas estão redefinindo a forma como os serviços financeiros são estruturados, provisionados e consumidos"*), preparado em colaboração com a Deloitte

www3.weforum.org/docs/WEF_The_future__of_financial_services.pdf

Referências

Prefácio

http://www.brasil.gov.br/economia-e-emprego/2016/02/programa-de-incentivo-a-startups-dobra-numero-de-vagas-em-2016-1

Capítulo Um

Timothy Jay e Kristin Jay sugerem que o uso constante de termos vulgares pode indicar uma natureza articulada e inteligência profunda em um artigo publicado na revista científica *Language Sciences Journal* no final de 2015

www.sciencedirect.com/science/article/pii/S038800011400151X

A *Global Business Review* publicou um artigo em abril de 2015, *Robotics Making Workers Redundant in China* (em tradução livre: *Robótica leva ao despedimento de trabalhadores na China*), dando exemplos reais

www.globalbusinessviews.com/?p=7461

Capítulo Dois

Artigo da AEI.org publicado em agosto de 2015, *The "Netflix effect": an excellent example of "Creative Destruction"* (*"O Efeito Netflix: Um excelente exemplo de "Destruição Criadora"*)

www.aei.org/publication/the-netflix-effect-is-an-excellent-example-of-creative-destruction

Capítulo Três

Referência à diminuição do uso de dinheiro em detrimento de sistemas de pagamento eletrônico e o desenvolvimento da tecnologia vestível

www.bbc.co.uk/news/business-32778196

Referência à saturação dos mercados de cartões pessoais SIM e de telefones inteligentes no *site* Androidauthority. com, que exemplifica esta situação com relação ao mercado chinês em maio de 2015

http://www.androidauthority.com/chinas-smartphone-market-reaching-saturation-607405/

Referência à participação ativa do Brasil no desenvolvimento mundial do 5G

http://www.techtudo.com.br/noticias/noticia/2016/02/5g-vem-ai-e-o-brasil-pode-ser-um-dos-lideres-do-projeto-mundial-entenda-mwc2016.html

Sobre comentário do Ministro das Finanças, Henrique Meirelles, em como o Brasil tem enfrentado a mais profunda recessão desde 1901

http://oglobo.globo.com/economia/negocios/para-meirelles-brasil-tera-pior-recessao-desde-1901-19844142

Sobre número de divulgações da intenção do Comitê de Política Monetária do Banco Central do Brasil por ano

https://www.bcb.gov.br/?COPOMHIST

Referência aos juros básicos da economia em 14,25% ao ano, pelo Comitê do Banco Central, à data da última reunião que antecedeu a elaboração deste livro

http://g1.globo.com/economia/noticia/2016/06/pela-7-vez-seguida-juro-e-mantido-em-1425-ao-ano-maior-em-10-anos.html

Referência à queda da taxa de juros ao fim de quatro anos, passando a 14%

http://g1.globo.com/economia/noticia/2016/10/na-1-reducao-em-quatro-anos-copom-baixa-juros-para-14-ao-ano.html

Capítulo Quatro

Sobre a questão: "Estarão as alterações demográficas perturbando a tradição ou criando oportunidades?"

www.bbc.co.uk/news/business-35056530

Escritório especializado em direito de família KGW, em Surrey

www.kgwfamilylaw.com/divorce

Capítulo Seis

Sobre o serviço de conciliação trabalhista, ACAS, que define categoricamente quando o empregador pode recusar o pedido de redução de trabalho solicitado pelo empregado

www.acas.org.uk/media/pdf/f/e/Code-of-Practice-on-handling-in-a-reasonable-manner-requests-to-work-flexibly.pdf

Sobre jornada de trabalho no Brasil

www.cite.gov.pt/pt/legis/CodTrab_L1_005.html

Capítulo Sete

Artigo do *site* TechWhirl.com, em sua edição de novembro de 2014, elaborado pela LavaCon Perspectives, sobre as implicações da estratégia de cortar os custos

www.techwhirl.com/lavacon-perspective-stop-cutting-costs-start-enhancing-revenue

Capítulo Oito

Artigo *The Disruptor* (*O Disruptor*), publicado pelo site Citywire.co.uk, em novembro de 2015

http://citywire.co.uk/new-model-adviser/news/the-disruptor-why-clients-will-still-need-the-human-touch/a861236

Chega de Mesmice!

Sobre os Autores

Keith Churchouse

BA (Hons);

Membro da Sociedade de Finanças Pessoais do Reino Unido;

Planejador Financeiro Certificado®;

Planejador Financeiro Pessoal ISO 22222.

Keith atua na indústria de serviços financeiros há mais de um quarto de século e é altamente qualificado em serviços financeiros no Reino Unido. Em 2004, fundou em sociedade com Esther Dadswell a Chapters Financial Limited — uma empresa credenciada em planejamento financeiro, em Guildford, Surrey. A empresa é certificada e regulamentada pela Financial Conduct Authority (Autoridade de Conduta Financeira), do Reino Unido.

Keith se formou em Finanças com louvor (*BA with Honors*), em 2007, na Napier University e, em dezembro de 2007, tornou-se membro da Sociedade de Finanças Pessoais (*Fellow of the* Personal Finance Society). Em 2008, utilizando as normas internacionais (Standards International), foi a quarta pessoa no Reino Unido a alcançar o *status* de ISO 22222 em Planejamento Financeiro Pessoal, a norma britânica para planejadores financeiros pessoais.

Keith é, desde dezembro de 2015, membro do Instituto de Valores Mobiliários e Investimentos (*Fellow of the* Chartered Institute for Securities and Investment).

Ele participa ativamente na comunidade empresarial de Surrey: de 2011 a 2014 foi presidente do Fórum Empresarial de Guildford; além disso, tem sido curador de várias instituições de caridade. Durante a elaboração deste livro, ele mantinha o cargo de diretor de várias empresas da região.

Keith faz regularmente comentários, na qualidade de especialista, na imprensa britânica, e nos últimos dez anos tem sido frequentemente entrevistado sobre assuntos financeiros em estações de rádio de Londres e de todo o Reino Unido.

Em 2010, Keith detalhou os seus 25 anos de experiência em serviços financeiros no seu primeiro livro, *Assine aqui, aqui e aqui!... Jornada de um consultor financeiro.*

Tem presença marcante nas redes sociais e pode ser encontrado no Linkedin.com e no Twitter como @ onlinefinancial.

Além disso, procura ter uma vida fora do trabalho; gosta de escrever, aprecia arte, carros clássicos e *scooters*, além de manter a forma, praticando ciclismo e mergulho.

Esther Dadswell

**Engenheira Civil
formada com louvor;**

**Administradora
credenciada (CMgr);**

**Membro da Ordem dos
Engenheiros (MICE)
e do Instituto da**

Administradores (MCMI) do Reino Unido.

Esther teve uma carreira de sucesso em Engenharia Civil: graduou-se em 1991 e em 1998 recebeu o título de engenheiro especialista. Além das suas qualificações em engenharia, foi aprovada pela Associação de Administradores de Projetos Profissionais (*Association of Project Managers Practitioners*), e em 2014 recebeu o título de administradora gerente especialista pelo Instituto de Administradores Qualificados (Chartered Management Institute).

Esther acrescenta uma riqueza de conhecimento e experiência em engenharia ao mundo de planejamento financeiro. A sinergia entre as profissões de Engenharia e de Planejamento Financeiro é tangível, especialmente no que se refere aos requisitos de conformidade, procedimentos e produção de qualidade.

O planejamento financeiro holístico pode envolver uma interação complexa entre os vários problemas de planejamento. Assegurar que os relatórios de aconselhamento financeiro sejam escritos de forma clara e oportuna, e que sejam entregues de uma forma consistente, é fundamental.

Esther adaptou a empresa Chapters Financial Limited às normas britânicas de referência em planejamento financeiro (Certificado de Planejamento Financeiro Pessoal ISO 22222), depois de ter instigado procedimentos semelhantes ao longo de sua extensa carreira em engenharia civil, principalmente em infraestrutura de transportes em Londres e nas redondezas. Faz parte de sua ética empresarial alcançar a mais alta qualidade possível e um padrão que deve ser mantido de modo sistemático e não apenas como uma aspiração comercial.

Esther também controla o site www.chaptersfinancial. com. Como esse é atualizado regularmente, oferece a oportunidade aos clientes de se manterem informados e atualizados sobre os mais recentes temas da atualidade, com *links* dos mais recentes comentários da imprensa e atualizações periódicas do *blog*, dos *podcasts* e das entrevistas no rádio de Keith Churchouse. Muitos clientes são atraídos para a empresa através do site, o que se crê ser devido ao seu formato *userfriendly* e às constantes atualizações estratégicas.

Esther também é diretora da Elevate Guildford Limited (Experiência Guildford), uma empresa destinada a melhorar a qualidade de vida do distrito onde mora (Business Improvement District Company – BID).

Quando Esther consegue se afastar do trabalho, aproveita para nadar, mergulhar e passar férias em regiões ensolaradas. Ela possui vários certificados de mergulhador: em mar aberto (PADI/2005); avançado em mar aberto (PADI/2006) e esportivo (BSAC 2007).